Inhaltsverzeichnis

Vorwort des Autors

Liebe Leser dieses Buches,

lange habe ich mit mir gerungen, ein solches Buch zu publizieren. Es setzt sich zu einem großen Teil aus den Unterlagen meines Privatarchivs zusammen, die ich lediglich für kleine Diskussionen benutzen wollte. Ich wollte verhindern, daß dieses Buch von Randalierern zur Legitimation ihrer Handlungen benutzt wird. Im nachhinein frage ich mich, wer diese Randalierer eigentlich sind? Sie stehen im Grunde genommen näher dem Verhalten und Auftreten derer, die diese auf das schärfste ablehnen. Es ist schon dreist, gewalttätige Jugendbanden im NS-»Outfit« als »Neonazis« zu bezeichnen. Glaubt denn wirklich jemand, den Nationalsozialismus auf »blöd und brutal« reduzieren zu können? Natürlich kommen diese Banden vielen recht, um von ihrer vermoderten Politik und ihren persönlichen Verbrechen abzulenken. Der selbstzerstörte SED-Staat hat seine Erben. Diese Erben brauchen den Antifaschismus, um selbst überleben zu können. Kein Mensch würde eine Partei unterstützen, deren Mitglieder in einem der letzten europäischen Groß-KZs (DDR) Hüter waren, wenn diese nicht einen brutaleren Gegner vorweisen könnten. So liegt es auch nahe, daß wenn man diesen nicht findet, ihn einfach schafft. So ist es auch nicht verwunderlich, daß die Anfänge der menschenverachtenden und brutalen Übergriffe zeitgleich mit dem Niedergang des roten Terrorregimes und dazu noch auf dessen Territorium (Hoyerswerda und Rostock) zu finden sind.

Aber auch die Propagandastrategen in den Medien machten sich schuldig. Ständig wiederholen sie die Bilder von Hoyerswerda und Rostock und fordern somit Kriminelle zum Nachahmen heraus. Statt die Täter, eine schon zahlenmäßig schwindende Minderheit, als das zu bezeichnen, was sie sind, nämlich Kriminelle, pustete man sie zu staatsgefährdenden Dimensionen auf. Ohne Scham stellte die veröffentlichte Meinung sofort den Bezug zu ungenehmen demokratischen Parteien am rechten Rand her. So wurden die hohlköpfigen Randalierer zu nützlichen Idioten einer Strategie, die es ermöglichte, jede aufkommende »nationale« Partei hemmungslos zu denunzieren.

Mein alltäglicher Blick in meine Morgenlektüre, die »taz« (die tageszeitung), die ständigen Hetztiraden anderer Printmedien und des Fernsehens sowie das schamlose Ausnutzen der Situation, um wieder einmal in Deutschland Parteien bzw. politische Vereinigungen verbieten zu können, wieder einmal in Deutschland Bücher zu zensieren und Andersdenkende einzusperren, veranlaßten mich, von meinem Schweigen abzukehren.

Viele meiner Freunde sind in der »Antifa« organisiert. Ich habe es ihnen nie verübelt, daß ihre Fragestellung dort aufhört, wo deren Vorkämpfer es für richtig hielten. Was sollte ich erwarten, wenn der Geschichtsunterricht sie das lehrt, was die Sieger von einst diktierten und die Medien an den Tagen feiern, an denen im Zweiten Weltkrieg die meisten Deutschen starben. Die Gegner meiner Freunde sind eben Rüstungsindustrie, Großkapitalisten, Banken und alles, was sie sonst noch unter dem Begriff Faschismus handeln. Liebe Freunde, nehmt es mir nicht übel, diesmal habe ich nicht aufgehört zu fragen, und während des Zusammenfassens dieses Buches wuchs meine Gier nach Wissen unermeßlich an. Meine Anfragen bei den Medien blieben vielfach ohne Echo. Die Presseagenturen schwiegen sich meist aus und meine Anfragen bei Polizeidienststellen, sowie dem BKA und dem Verfassungsschutz wurden oft nur schlecht bearbeitet, so daß mein dadurch anwachsender Arbeitseifer nicht zu bremsen war. Da wollte ich heran an das Tabu-Thema, bei welchem man keinerlei Pardon kennt. Bei welchem selbst der Liberalste nach der Polizei, dem Staat, nach abschreckenden Strafen und schärferen Gesetzen ruft. Einem Thema, bei dem sich Autonome und Antifaschisten mit der herrschenden Clique verbrüdern. An ein Thema, bei welchem es kaum noch mutmaßliche, sondern ständig nur **die** Täter gibt. Bei dem auf einmal kein Wort mehr zu hören ist von Resozialisierung als Grundmotiv modernen Jugendstrafrechts. Ein Thema, das die marxistischen Kader von 68 sich selbst verraten lassen, nämlich daß alle Freiheiten, wofür sie gekämpft haben, maßgeschneidert bleiben sollten und zwar nur auf ihre Ideologie. Alles Andersdenkende muß vernichtet werden. Wie diese marxistischen Kader in den Medien, Behörden und Schulen die Fäden in den Händen halten, wird wohl dem Leser dieses Buches bewußt. Aber bevor ich Sie in die Welt der Lügen und Manipulationen entlasse, möchte ich es nicht versäumen, Ihnen nachfolgende Sätze mit auf den Weg zu geben:

Angriffe gegen Gesundheit und Leben von Ausländern und Andersdenkenden sind unentschuldbar und mit den schärfsten Mitteln zu bestrafen. Nationalismus darf nicht heißen, andere Nationalitäten zu benachteiligen, sondern mit Leib und Seele für deren Leben und deren Freiheit einzustehen wie für die eigene. Wer Menschen ihrer Nationalität wegen verurteilt, sie zwingt, ihre Nationalität aufzugeben oder zu verleugnen, hat spätestens seit dem Untergang des menschenverachtenden DDR-Regimes in Deutschland nichts verloren.

Einführung

Der Knall war gewaltig und ließ die Fensterscheiben des gesamten Viertels erzittern. Als sich die Rauchschwaden verzogen hatten, lagen hunderte Menschen schreiend, zuckend oder bereits tot auf dem Bahnhof in Bologna, von dem nur noch der Torso der Druckwelle standgehalten hatte. Sie waren Opfer des sinnlosesten und zugleich schwersten Bombenanschlags der italienischen Nachkriegsgeschichte. Über 80 Menschen hatten an diesem Augusttag 1981 den Tod gefunden. Unisono machten Polizei und Zeitungsredakteure sofort die Täter im Kreis der Neofaschisten aus. Erst Jahre später stellte sich heraus, daß die feige Tat auf das Konto der Freimaurerloge Propaganda Due (P 2) und des italienischen Geheimdienstes SISME ging. Ihr gemeinsames Ziel war es gewesen, den Staat putschreif zu bomben. Der ehemalige Ministerspräsident Italiens Silvio Berlusconi ist Inhaber der P 2-Logenmitgliedskarte mit der Nummer 1816.

Der Mossad

Terror im fremden Namen ist ein altes Kampfmittel des schmutzigen Krieges. Er wurde sowohl von einzelnen Intriganten und Hasardeuren, als auch von einzelnen Institutionen in der Geschichte der Menschheit wiederholt mit Erfolg angewandt. Der israelische Geheimdienst Mossad jedoch hat diese »Politik mit anderen Mitteln« wie keine zweite Under-Cover-Organisation vor ihm zur Perfektion gebracht. Immer wieder seit seiner Gründung 1951 fackelte dieser sagenumwobene Sicherheitsdienst in aller Welt, um im Bedarfsfall die Beziehungen bislang befreundeter Länder zu vergiften oder Regionen und Staaten zu destabilisieren - zum Wohle des gelobten Landes. Ein profunder Kenner dieser regierungsamtlich subventionierten Mörderagentur ist Viktor Ostrovsky, der im Mossad als führender Offizier eine Bilderbuchkarriere durchlief, dem brutalen System jedoch schließlich moralisch nicht mehr gewachsen war. Auf den ersten Seiten seines Enthüllungsbuches »Der Mossad« schreibt er, »die verkümmerten Ideale und der selbstbezogene Pragmatismus, verbunden mit

Raffgier und Geilheit und dem völligen Mangel an Achtung vor dem menschlichen Leben«, die den israelischen Geheimdienst auszeichnen, hätten ihn bewogen, seine Insider-Story zu schreiben. Ostrovsky, der für den Kidon, die Killereinheit der Offensiv-Abteilung Metsada ausgebildet worden war, beschreibt unter anderem die Praxis des Mossad, Sabotage und Attentate unter falscher Flagge zu verüben.

In Deutschland zielte die »Politik« des Mossads von Anfang an auf den schwächsten Punkt des Landes - die geschichtlich bis heute nicht bewältigte Epoche des Dritten Reiches. Der Holocaust bildete auch den Anlaß zum mutmaßlich ersten Auslandseinsatz des israelischen Spezialdienstes: Im März 1952 begannen in Luxemburg die »Wiedergutmachungsverhandlungen« Israels mit der BR Deutschland. Der jüdische Staatschef David Ben Gurion forderte 6 Milliarden Mark, denen 3 Milliarden als deutsches Angebot gegenüberstanden. Die feste Position der Deutschen führte zu einer ernsten Verstimmung in den gegenseitigen Beziehungen.

Am 27. März 1952 wurde in München ein Paket an den damaligen Bundeskanzler Adenauer aufgegeben. Da dieses jedoch einen verdächtigen Eindruck machte, wurde es von einem Polizeisprengmeister geöffnet. Eine dabei explodierende Bombe nahm ihm das Leben. Als der Fall von den zuständigen Beamten so weit geklärt war, daß man zur Verhaftung der feigen Täter schreiten wollte, wurde dies von dem BRD-Faktotum Dr. Globke gebremst. Die Beamten, die im Auftrag des bayerischen Innenministeriums lediglich ihre Pflicht getan hatten, wurden ohne Schutz ihres Dienstherren pensioniert oder versetzt. Was war geschehen? Man hatte bei den Ermittlungen einwandfrei festgestellt, daß es sich bei den Verantwortlichen um in- und ausländische Mossad-Agenten handelte. Die deutsche Presse, welche bis dahin »Neonazis« als Hintermänner des Mordanschlags im Visier hatte, unterdrückte die peinliche Wahrheit und ging stillschweigend zur Tagesordnung über - das politische Establishment in der Bundeshauptstadt schloß sich dem an. Auf wessen Druck diese unorthodoxe Informationspolitik zurückzuführen war, klärte sich am 7. Mai 1952, als der israelische Außenminister Mosche Scharett im Zuge der weiterhin stockenden Wiedergutmachungsgespräche die Muskeln spielen ließ. Bei Nichtgefälligkeit drohte er den Deutschen mit »internationalen Schwierigkeiten«, die in der BR Deutschland zu einer Krise führen müßten.

Einen weiteren Coup in Deutschland, der jedoch die Presse der ganzen Welt in Atem hielt, landeten die israelischen Falken 1972. Als die Olympischen Spiele in diesem Jahr erstmals seit den »Nazi-Spielen« von Berlin wieder auf deutschem Boden ausgetragen wurden, versprachen sie ein Fest der Jugend und des Friedens zu werden. Da aber überfiel ein arabisches Kommando die israelische Sportlerequipe, nahm Geiseln und richtete ein Blutbad an. Den politischen Schaden an diesem Gewaltakt hatte neben den Arabern in erster Linie Deutschland zu tragen. Israel stand wie so oft in seiner Geschichte als Opfer da. Die Politik verdrängte den Sport aus den Schlagzeilen. Im In- und Ausland wurden historische Parallelen gezogen. Warum mußte dieser erste Anschlag in der Geschichte der Olympiade ausgerechnet in Deutschland erfolgen, in München, der Stadt, von der Hitler seinen Ausgang genommen hatte? Die Erklärung lieferte das Moskauer Blatt »Neue Zeit«, das in seiner Ausgabe 11/1974 als Quelle die Pariser Wochenzeitschrift »Pont« nannte. Die Franzosen hatten die für den Anschlag verantwortliche Terrororganisation »Schwarzer September« genauer unter die Lupe genommen und herausgefunden, daß deren Kämpfer »eng mit den extremistischen Elementen aus der israelischen Abwehr zusammenwirkten und von ihnen geleitet wurden«.

Das Katsa-System

Die Hauptarbeit erledigten Mitarbeiter in aller Welt, die zwar nicht zum eigentlichen Kreis der Geheimdienstbeschäftigten gehören, jedoch von diesen geführt und bezahlt werden. Das Band, welches diese nebenberuflichen Hiwis eint, ist ihre Herkunft. Ihre Berufe sind ebenso unterschiedlich, wie ihre jeweiligen Wohnsitze. Je nach Bedarf und Zielsetzung werden sie vom Mossad aktiviert und gehen anschließend wieder ihrem »normalen« Leben nach. Diese Katsa genannten Agenten sind in aller Welt dem Zionismus zu Diensten, ohne dafür mehr als eine Aufwandsentschädigung zu erhalten. Sie würden vermutlich auch nicht mehr erwarten, da es für sie eine Ehre ist, dem Land ihrer Vorväter zu Diensten zu sein. Der bereits angeführte Viktor Ostrovsky kritisiert, als echter Patriot, diese Institution des Mossads besonders heftig, da sie die Zionisten in aller Welt zu potentiell illoyalen Bürgern ihres jeweiligen Staates macht - ein Umstand, der den zynischen Führungsoffizieren in Tel Aviv und Jaffa zumindest gleichgültig sein dürfte.

Die Grenzen zwischen einem professionellen Mossad-Mitarbeiter und einem Katsa zu ziehen ist nicht leicht. Der russische Politiker Schirinowski beispielsweise, welcher als gebürtiger Jude an der Moskwa den »Hitler« spielt, könnte beides sein. Nach amtlichen Dokumenten bekannte dieser »überzeugte Antisemit« und Busenfreund des deutschen Rechtsauslegers Frey sich bis zum Alter von 18 Jahren zu seinen jüdischen Ahnen: In seiner Geburtsurkunde wird sein Nachname mit Eidelstein angegeben. Im Juni 1964 aber, kurz bevor er nach Moskau zog, änderte er diesen in Schirinowski (»Die Welt«, 5.4.1994). Sinnigerweise bekleidete dieser Mann, der die Welt in einen dritten Weltkrieg stürzen will, vor seinem kometenhaften Polit-Aufstieg den Posten eines Funktionärs in der jüdischen Organisation »Shalom«, was »Friede« heißt.

Als Katsa im engeren Sinne könnte der Agent Provocateur Aaron Moshel gelten. Dieser hatte in den Jahren 1985-87 unter dem Namen Horst Andel die deutsche »Neonaziszene« bereichert und für »rechte« Zeitungen, wie z. B. der »Deutschen Monatshefte« Brandartikel verfaßt. Seine »rechte« Laufbahn begann er 1984 auf einem Parteitag der Republikaner, wo er forderte, wenn die Deutschen die Wiedervereinigung nicht mit friedlichen Mitteln erreichten, so müßten sie die Einheit notfalls ohne dieselben anstreben. Er warf in diesem Zusammenhang in Artikeln Schönhuber vor, nur Lippenbekenntnisse für den deutschen Gesamtstaat übrig zu haben und Mehrheitsbeschaffer für die CDU zu sein. Der Schwindel flog auf, als Andel alias Moshel in der RTL-Sendung »Der heiße Stuhl« seine Ansicht verteidigen sollte, die Deutschen seien Judenhasser. Als alte Freunde ihren aufrechten Mitstreiter wiedererkannten, wurde das Thema kurzerhand gestrichen. Der deutschen Öffentlichkeit indes wurde dieses Husarenstück von der Presse vorenthalten.

Ein Mossad-Coup, der ebenfalls spät aufflog, waren die Umtriebe des Max Simon Cohn, der nach dem Zweiten Weltkrieg in die Vereinigten Staaten auswanderte und sich dort in Frank Collin umtaufte. Nach dieser namensrechtlichen »Aufnordung« wurde ihm in den 70er Jahren die Aufgabe zugewiesen, im Land der unbegrenzten Möglichkeiten als »Nazi für Hitler« die Werbetrommel zu rühren. Ziel der Aktion war es, die Erinnerung an die »Nazi-Greuel« zu stärken und Deutschlands internationale Position zu schwächen. Dazu druckte die von Cohn gegründete Nazi-Organisation Flugblätter und Aufkleber mit rechtsextremen Inhalten (wie dem Hitlergruß und der Parole, die »Juden« sollten »raus«) und verschickte diese an nationalistische Gruppen in aller Welt, insbesondere aber in die BR Deutschland. Dort fanden sich auch stets einige besonders kluge Köpfe, die mit den Haßparolen die Straße pflasterten.

Die Jewish Defense League

Etwa zur gleichen Zeit, genauer am 16. Februar 1979, beantragte Mordechai Levy unter dem deutschklingenden Pseudonym James Guttmann bei den zuständigen Behörden in Philadelphia die Genehmigung zur Abhaltung einer »rechtsradikalen« Versammlung. Levy stellte sich als Führer der amerikanischen Nazi-Partei vor und ersuchte um die Erlaubnis zu einer Tagung des Ku-Klux-Klan und der Nazipartei, für deren Austragungsort sich der koschere Herr Guttmann sinnigerweise die Indepence Hall erwählt hatte, der Ort, an dem die Unabhängigkeitserklärung der USA unterzeichnet worden war. Das Anmeldeformular bezeichnet als Ziel dieser »White-Power-Versammlung«: »Den weißen Massen die Einheit der weißen Rasse vor Augen zu führen, und zu belegen, daß die Nigger und Juden Feiglinge« seien. Auch den visuellen Rahmen gedachte Levy entsprechend schmuck zu gestalten. Unter den angemeldeten Gegenständen finden sich Hakenkreuze, Flaggen, NS-Uniformen, KKK-Ausstattungen und Hakenkreuzzeichen für die Ordner mit der Aufschrift Hitler habe Recht man solle die kommunistischen Juden »vergasen«. Die Einladungskarten an die lokalen KKK- und NS-Verbände verfaßte Herr Guttmann höchstselbst. Zu dem Klan in Trenten, N. Y., unterhielt er besonders gute Beziehungen: Sein Komplize James Rosenberg, auch bekannt unter den Namen »Jimmy Mitchell« und »Jimmy Anderson«, hatte die dortige Sektion der Kapuzenträger erfolgreich unterwandert. Während Rosenberg bei dem Versuch, seine arischen Blutsbrüder zu überreden, das Trentener Hauptquartier der schwarzen Bürgerrechtsbewegung »National Association for the Advancement of Colored People (NAACP)« in die Luft zu sprengen, scheiterte, alarmierte der »Neonazi« Guttmann als Levy die jüdische Gemeinschaft und jede erreichbare Linksgruppierung in der weiteren Umgebung Philadelphias. Diesmal rief er als »betroffener Jude« zu einer Protestdemonstration vor der Indepence Hall. Motto: »Gegen Rechts - Wehret den Anfängen«. Glücklicherweise entdeckte kurz vor den geplanten blutigen Zusammenstößen eine Zeitung in Philadelphia rechtzeitig die wahre Herkunft »Guttmanns« und der Park-Service zog seine Versammlungserlaubnis zurück. Die Aktion war jedoch keineswegs isolierter Natur, sondern hatte potente Hintermänner. Der KKK-Zündler Rosenberg war ein hauptamtlicher Angestellter der »Anti Defamations League« (ADL), welche als Frontorganisation der Freimaurerloge »B'nai B'rith« in aller Welt ihren Gemeinnutz verbreitet.

In Deutschland wurden Vertreter der ADL wiederholt im Bundeskanzleramt, Außenministerium und beim Verfassungsschutz (!) empfangen. In den USA dagegen wird gegen diese Organisation seit 1993 wegen Spionage gerichtlich ermittelt. Der »Nazi« Levy war der Anführer der »Jewish Defense Organisation«, einem Ableger der »Jewish Defense League« (JDL), die in den Vereinigten Staaten bereits des öfteren durch Bombenanschläge in die Schlagzeilen geriet. Seinen geschilderten Kreuzzug für die weiße Rasse in Philadelphia hatte er aus den lokalen Büros der JDL organisiert und geleitet.

Die JDL-Auslandsorganisation der orthodox-militanten Kach-Bewegung des Rabbiners Meir Kahane entsandte übrigens ihre Spezialkämpfer auch wiederholt nach Deutschland, zuletzt zur Jahreswende 1992/1993. Am 11.12.1992 meldete die »Frankfurter Rundschau«: »Wie ein Mitverantwortlicher der Kach, Baruch Marzel, der AFP am Donnerstag mitteilte, sind drei Mitglieder der Bewegung in die Bundesrepublik gereist, 'um die Nazis zu bekämpfen'. Der Gruppe werde in der kommenden Woche eine zweite folgen, sagte Marzel. Sie werde sich 'um die Nazis kümmern, wie sie es verdienen', sagte er, ohne Einzelheiten zu nennen.« Der führende JDL-Funktionär, Ben-Yosef, bestätigte das Vorhaben in einem Interview, daß er zwei Monate darauf dem »Playboy« gab. Der Biograph des JDL-Gründers Rabbi Meir Kahane, Robert Friedmann, nennt als eigentliche Hintermänner dieser militanten Organisation ein aus drei Personen zusammengesetztes Komitee: Den rechtsgerichteten israelischen Parlamentarier Geula Cohen, den Brooklyner ADL-Vorsitzenden Bernhard Deutch und den Israelischen Premierminister und Mossad-Operationschef Yitzhak Shamir.

Im Zusammenhang mit Letztgenannten empfiehlt sich ein kurzer Rückgriff in die Frühgeschichte des israelischen Staates. Am 11. Januar 1941 bekam die deutsche Botschaft in der Türkei Besuch von einer ungewöhnlichen Delegation. Es handelte sich um Mitglieder der zionistischen Selbstverteidigungsliga NMO (Nationale Militärische Organisation). Die von den Briten kurz »Stern-Gang« genannte Truppe trug NS-Deutschland an diesem Tag im Namen des Zionismus ein sowohl ideelles wie auch militärisches Bündnis gegen das Vereinigte Königreich an. Im Gegenzug dieses Schachers sollte die Reichsregierung den Juden in Palästina einen eigenen Staat schaffen. Das betreffende Memorandum ist so unglaublich, daß es in einem Auszug kurz vorgestellt werden soll. So heißt es, »gemeinsame Interessen können existieren, einerseits zwischen der Herstellung einer neuen Ordnung in Europa, konform mit dem entsprechenden Konzept Deutschlands und andererseits mit den wahren nationalen Aspirationen des jüdischen Volkes, verkörpert durch die

NMO. Eine beiderseitige Zusammenarbeit zwischen dem neuen Deutschland und einem erneuerten völkisch-nationalen Judentum wäre möglich. (Unser Ziel ist die) Errichtung eines historisch jüdischen Staates auf nationaler und totalitärer Basis. Von diesen Voraussetzungen ausgehend, würde die NMO in Palästina, nach Zusicherung aller erwähnten nationalen Ansprüche der israelischen Freiheitsbewegung, aktiv an Deutschlands Seite in den Krieg eintreten. In ihrer Ideologie und Struktur ist die NMO den totalitären Bewegungen Europas verbunden.«

Die NMO war alles andere als ein unbedeutender Debattierklub. Zu seiner Führungsgruppe gehörten die zwei zukünftigen israelischen Staatsoberhäupter: Menachim Begin und Yitzhak Shamir. Begin wurde nach dem Krieg von der britischen Mandatsmacht steckbrieflich gesucht. Seine Stern-Gang hatte neben palästinensischen Zivilisten auch den britischen Kolonialminister Lord Moyne, sowie den UNO-Friedensvermittler Graf Bernadotte ermordet.

Der Ku-Klux-Klan

Doch zurück in das Land der unbegrenzten Möglichkeiten und seinem ureigenen rassistischen Ausleger, dem berühmt-berüchtigten Ku-Klux-Klan (KKK), dessen Gründungsgeschichte ebenfalls Überraschungen bereit hält. Als die schwarze Bevölkerung in Tennesee 1867 das Wahlrecht erhielt, organisierten einige Südstaatengeneräle diesen rassistischen Geheimorden, um unter den ehemaligen Negersklaven für Angst und Schrecken zu sorgen. Aus dem Kreis der Gründungsväter kommt dem Oberst Albert Pike als eigentlichem Initiator besondere Bedeutung zu. Dieser war das US-amerikanische Haupt der »Freimaurerei des Alten und Angenommenen Schottenritus«, einer Organisation, die er strukturell mit dem B'nai-B'rith-Orden verband. Außerdem stand Pike in einem freundschaftlichen Verhältnis zu dem italienischen Revolutionär Giuseppe Mazzini, welcher wiederum sowohl für die Begründung des sizilianischen Mafiasystems, als auch des P 2-Vorgängers P 1 verantwortlich zeichnet.

Die Klansritter spielten in der Vergangenheit eine zentrale Rolle bei der Aufhetzung Deutscher zu Anschlägen gegen Asylanten- und Ausländerheime. Einer seiner leitenden Funktionäre, der Gebietschef für Oklahoma Dennis Mahon, rühmte sich mehrfach seit der ersten Welle von schweren Übergriffen, die dem Vorfall von Hoyerswerda folgten, in Fernseh- und Zeitungsinterviews, er habe während eines längeren Deutschlandaufenthalts im Sommer und Herbst 1991 Skinheads und andere deutsche Neonazis in 20 Städten getroffen und sie in Methoden des bewaffneten Kampfes gegen den Staat und gegen Ausländer trainiert. In wessen Auftrag? Eine Untersuchung im US-amerikanischen Kongreß zur Rolle des KKK bei Angriffen auf die schwarze Bürgerrechtsbewegung um Martin Luther King ergab vor Jahren, daß etwa zwei Drittel der Mitglieder des Klans auf Mitarbeiter- und Informantenlisten des FBI und der CIA geführt wurden. Auch Mahon ist Gehaltsempfänger eines US-amerikanischen Spezialdienstes - des »Naval Intelligence«. Dieser entließ Mahon und andere US-Agenten in den politischen Untergrund des »befreundeten« Deutschland und gab den Bonner Ermittlungsbehörden wenig Unterstützung beim Ausheben der KKK-Banden. Ein vielsagendes Schlaglicht auf die Welt der Geheimdienste wirft der Umstand, daß Mahon neben dem Navel Intelligence auch der DDR-Staatssicherheit (Stasi) zu Diensten war, was seine Brötchengeber in Washington keineswegs zu stören schien.

Derweil geht in Deutschland ein Gespenst um. Es ist das Gespenst der Gewalt von Rechts ...

Quellen: Viktor Ostrovsky, »Der Mossad«
»Neue Zeit«, Nr. 11/1994
»Die Welt«, 05.04.1994
Executive Intelligence Review, »The Ugly Truth About The ADL«

Wenn ich Rotfrontler wäre ...

... egal, ob marxistischer, leninistischer oder trotzkistischer Rotfrontler, wenn ich einer wäre, würde ich nachts heimlich an eine gut sichtbare Stelle im Zentrum einer Großstadt ein Hakenkreuz malen.

Das bringt mehr Publizität als eine mit Rotfrontparolen von oben bis unten beschmierte Universität.

Außerdem könnten Rotfrontparolen dort, wo sie nicht hingehören, bei der Bevölkerung meinen Freunden schaden. Hakenkreuze aber meinen Feinden. Wenn ich Rotfrontler wäre, würde ich in aller Öffentlichkeit das Horst-Wessel-Lied oder den Badenweiler-Marsch anstimmen, ich würde im Wirtshaus Lobreden auf die NS-Zeit von mir geben und anschließend, möglichst im Chor, Soldatenlieder aus der Wehrmachtszeit absingen. Wenn ich Rotfrontler wäre, hätte ich die Hitler-Welle erfunden. Und wenn ich schon nicht so gescheit gewesen wäre, sie zu erfinden, würde ich sie, wenn ich Rotfrontler wäre, nach Kräften fördern. Ich würde blonde, blauäugige, junge Großgewachsene gegen gute Honorare öffentlich Juden beschimpfen lassen. Und ich würde das alles, was ich heimlich angezettelt habe, publizistisch aufwerten, groß herausstellen, aufblähen: als Wiedergeburt des Nationalsozialismus.

Immer gerade dann, wenn die öffentliche Meinung sich über marxistische Exzesse besonders empört, würde ich, wenn ich Rotfrontler wäre, eifrig dafür sorgen, daß rechtsradikale Aktivitäten zumindest ein Gleichgewicht herstellen, noch besser: Im Presse-Echo dominieren.

Als italienischer Rotfrontler würde ich veranlassen, daß bei Unruhen Kommunisten schwer verletzt oder getötet würden; in der Bundesrepublik Deutschland würde ich mich auf jüdische Friedhöfe, Synagogen und Asylantenheime spezialisieren; in Österreich würde ich eine Sigmund-Freud-Gedenktafel besudeln.

Durch alle die erwähnten und andere, gleichgerichtete Aktivitäten ist es mit geringer Mühe möglich, die Bevölkerung Deutschlands und Österreichs vor aller Welt zu diskreditieren und den beiden Staaten politisch zu schaden.

Ich bin kein Rotfrontler und plaudere nur so vor mich hin. Ich schreibe für meine Leser auf, was ich mir als Nationalist über Rotfrontler denke.

Und vielleicht bringe ich sie dadurch auf eine »gute Idee«. Nicht die Marxisten - die brauchen mich nicht dazu - sondern die Nicht-Rotfrontler.

1959:
Antisemitismus made by KGB

Am 11.1.1974 brachte als einzige große deutsche Zeitung die »Bild« folgenden Bericht:

»Eine Welle empörender antisemitischer Schmierereien und Synagogenschändungen ging vor 14 Jahren durch die Bundesrepublik. Im Ausland sprach man vom wiedererwachten Judenhaß der Deutschen - aber alles war das Werk des sowjetischen Geheimdienstes 'KGB'.«

Diese sensationelle Enthüllung machte der ehemalige US-amerikanische Abwehr-Offizier John Barron in seinem jetzt erschienenen Buch »KGB«. Barron berichtet, daß der KGB-General Agajanz Drahtzieher dieser schändlichen Kampagne gewesen sei.

»Eines von Agajanz Hauptzielen 1959 als Leiter der Abteilung D war die Bundesrepublik, die der KGB als ein von Neonazis durchsetztes Land diffamieren wollte. Um eine seiner 'aktiven Maßnahmen' zu testen, bevor er sie in Deutschland anwandte, schickte Agajanz eine Gruppe von Offizieren in ein hundert Kilometer von Moskau entferntes Dorf. Auf seine Anweisungen hin schmierten die Offiziere dort Hakenkreuze und antisemitische Parolen an die Wände und warfen im Schutz der Dunkelheit Grabsteine um. Die KGB-Informanten im Dorf berichteten, der Zwischenfall habe zwar die meisten Bewohner erschreckt, doch eine kleine antisemitische Minderheit habe sich ermutigt gefühlt, die KGB-Provokation nachzuahmen und selbst antisemitische Ausschreitungen zu begehen.

Wenige Wochen später - Ende 1959 - startete der 'KGB' im Westen - vor allem in der Bundesrepublik - den Haß-Feldzug: Eigene Agenten und 'DDR'-Spione leiteten die Aktionen.

Polizeiaktion gegen politische Freunde der Synagogenschänder

Rechtsradikale

i ... verhaftet

NRW-Justizminister weist die Staatsanwälte an

Schnell-Gerichte

Kölner Synagogen-Schänd

Neue F stnahm

Kölner DRP-Chef bleibt in Haft

olizei jagt die Hintermänner

Kirchen verurteilen scharf judenfeindliche Aktionen

DRP-Kreisvorsitzender ist Rädelsführer des Anschlags

Nach der Synagogen-Schändung:

DRP wird scharf überwacht

Innenministerium prüft Möglichkeiten für Verbot – Sonderkommission eingesetzt

die DRP verboten?

NRW setzt Sonderkommission ein

Es begann in Köln: Weihnachten 1959 beschmierte der Bäckergeselle Arnold S. (Strunk, Anmerkung des Autors) (25) die Synagoge mit der Parole: Deutsche fordern: die Juden sollten raus. Er wurde später zu zehn Monaten Gefängnis verurteilt (er starb 1967). Arnold S. gab damals zu, angestiftet worden zu sein. Seine Hintermänner nannte er nicht. In den Wochen danach kam es in Deutschland zu einer Welle von Hakenkreuz-Schmierereien. Viele Juden erhielten Schmähbriefe. Bis Februar 1960 wurden 833 'antisemitische Akte' registriert. Die Aktion hörte ganz plötzlich auf. Die Folge: Jüdische Firmen im Ausland brachen ihre Beziehungen zu deutschen Fabrikanten ab und entließen deutsche Arbeitskräfte.

Die New Yorker 'Herald Tribune' schrieb damals: 'Bonn unfähig, das Nazigift auszuräumen'. Der US-Schriftsteller Sandburg verlangte sogar die Todesstrafe für Synagogenschänder.«

14 Jahre lang konnten Politiker und Journalisten diese Übergriffe sogenannter »Rechtsradikaler« für sich ausschlachten. Einer Richtigstellung des Sachverhaltes verschloß sich die Mehrheit der Medien und Politiker.

Quellen: »Bild«, 11.01.1974, Gordiewski/Andrew - KGB, die Geschichte seiner Auslandsoperationen von Lenin bis Gorbatschow

1961: Antisemitismus made in DDR

Aktenfunde im ehemaligen SED-Parteiarchiv und Dokumente aus den Beständen des Bundesbeauftragten für die Unterlagen des Staatssicherheitsdienstes der DDR (Stasi) beweisen die Verstrickung der DDR in antisemitische Hetzkampagnen gegen die jüdische Gemeinde in München im Jahr 1961.

Die große Aktion beginnt: Die Vorgeschichte dieser Episode deutscher Nachkriegsgeschichte begann in Budapest. Dort versammelten sich am 19. Juli 1960, zwei Monate nach der Entführung Adolf Eichmanns in Argentinien, die Außenminister der Warschauer-Pakt-Staaten. Dabei verabredete das sozialistische Lager, die »Affäre Eichmann« propagandistisch auszunutzen. Die gemeinsame Marschroute legte das Außenministerium der DDR fest: »Es muß unser Ziel sein, aus dem Prozeß gegen Eichmann im Kampf gegen den westdeutschen Neofaschismus so viel wie möglich herauszuholen.«

Eichmann wurde am 11. April 1961 vor ein israelisches Gericht gestellt. In dieser Situation würden antisemitische Umtriebe dem Ansehen Westdeutschlands schweren Schaden zufügen. Und genau das beabsichtigte die DDR. Am Tag des Jerusalemer Prozeßbeginns beschäftigte sich auch das Politbüro der SED mit Eichmann. Unter dem Vorsitz des Parteichefs Walter Ulbricht beschloß die SED eine »Kampagne zum Prozeß gegen Eichmann«. Albert Norden, der SED-Beauftragte für Propaganda, wurde mit der Durchführung der Kampagne betraut. Jetzt ging alles ganz schnell. Die Stasi-Hauptabteilung XX/4 unter der Führung des späteren DDR-Geheimdienstchefs Markus Wolf schlug am 3. Mai »im Rahmen der Aktion 'Vergißmeinnicht'« vor, einen Rundbrief an westdeutsche Alt- und Neonaziorganisationen zu verschicken. Darin sollten die westdeutschen »Rechtsextremen«

aufgefordert werden, »gemeinsam finanzielle Mittel zur Verteidigung Eichmanns zu schaffen und durch eine antisemitische Welle die Notwendigkeit der Judenvernichtung propagandistisch zu rechtfertigen«. Mit dem Parteinamen der »Deutschen Reichspartei« wollte die Stasi unterzeichnen. Seit dem 20. April lag ein weiterer Brief in Ost-Berliner Schubläden. Der Inhalt lautet: »Wir sind Kameraden der Waffen-SS, die es auf sich genommen haben, der Beschimpfung des deutschen Namens und der deutschen Ehre ein Ende zu setzen. (...) Das internationale Judentum mit seiner Plutokratie verbreitet Schauermärchen. Mit dem Prozeß gegen Eichmann will die jüdische Unterwelt unsere Ehre, die Treue heißt, besudeln. Damit muß Schluß gemacht werden!« Außerdem verschickte die Stasi antisemitische Hetzbriefe an jüdische Gemeinden und Privatpersonen in Westdeutschland. Die Präsidentin der Israelischen Kultusgemeinde in München, Charlotte Knobloch, bestätigte, daß auch die Juden der bayerischen Landeshauptstadt zu dem Empfängerkreis dieser Schreiben gehörte. Die Operation lief unter dem Namen »Aktion 'J'«. Ein Mitarbeiter der Stasi hatte auf einer Reise nach München die Opfer-Adressen recherchiert. Dem Agenten, der anscheinend über sehr gute Kontakte innerhalb der Gemeinde verfügte, hatte man den Befehl erteilt, »Adressen Jüdischer der Stadt München« zu beschaffen. Weiterhin hatte der Spion eine »Aufklärung des jüdischen Viertels in München« und die »Resonanz auf den Eichmann-Prozeß in Israel unter den jüdischen Bürgern der Stadt München« durchzuführen.

Im Berliner Stasi-Archiv befindet sich der Abschlußbericht der »Reise« vom 15. Mai 1961.

Wie in der Aktion »Vergißmeinnicht«, unterzeichnete die Stasi mit Namen bekannter westdeutscher Nationalisten. Auch dieser Personenkreis wurde von dem Ost-Berliner Geheimdienst beobachtet.

In der DDR wurden folgende scheußliche Hetzbriefe aufgesetzt und abgeschickt (auf Anraten unserer Rechtsanwälte wurde der folgende Text - kursiv gedruckt - in den Konjunktiv gesetzt! Sowohl die Autoren, als auch der Verlag distanzieren sich von dem Inhalt dieses Briefes):

Offensichtlich hätten die Juden immer noch nicht begriffen, daß sie «aus Deutschland zu verschwinden« hätten. Es hätte ihnen »wohl nicht gereicht, daß wir 6 Millionen von« Ihnen »vergast haben«! Hätten wir mehr von ihnen in der »Sonderbehandlung« gehabt, würde schon heute niemand über sie reden. Ihre »Ausrottung« sei nur durchbrochen worden. Wir (die Deutschen) würden sie alle kennen! Jetzt wollen sie »über unseren Kameraden Eichmann triumphieren. Wir werden ihn rächen.« Ihn (den Empfänger des Rundschreibens) hätten wir schon vorgemerkt. Deutschland solle »erwachen«! - Unterzeichnen wollte die Stasi den Hetzbrief mit dem Namen eines NS-belasteten Juristen aus Bad Kissingen.

Die Stasi in der DDR hatte sich aber auch kurze Haßtiraden ausgedacht:

»Die Hetze von Euch Juden« würde »unerträglich«. Wir hätten »doch nicht genug vergast«.

Oder: *Ob sie noch nicht genug hätten, »Ihr Judenschweine«? »Fünf Millionen« reichten »Euch wohl nicht? Dich« habe »man wohl vergessen zu vergasen?«*

Auch um die Resonanz auf die »Aktion J« kümmerte sich die Hauptabteilung XX mit deutscher Gründlichkeit. Die Stasi in der DDR entwarf sogar die »jüdischen« Protestbriefe. Darunter befinden sich Schreiben von »verängstigten Juden«, die Deutschland verlassen wollten. Die Absicht, die hinter diesem Schreiben lag, war klar.

Natürlich wurden diese Briefe anonym versandt. Die geschickte Tarnung wurde glaubhaft in den Briefen begründet: »Ich getraue mich nicht meinen Absender anzugeben, sonst so befürchte ich, könnten noch schmutzigere Angriffe gegen mich stattfinden.»

Der kriminelle Einfallsreichtum der Stasi war geradezu grenzenlos. Am Münchener Stachus verteilte ein angeblicher «Kamerad der SS» Flugblätter. Auch als Reaktion auf diese - der stasieigenen Aktion - hatte die Zentrale in Ost-Berlin die Antwortbriefe schon selbst verfaßt: »Ich habe eines der Flugblätter an die 'Kameraden der SS' in die Hand gedrückt bekommen (...). Den Mann habe ich gesehen, der sie verteilte. Solche Gesichter kenne ich noch aus Dachau und Buchenwald. Das kann 1961 am Stachus in München, zu einer Zeit, in der Eichmann gerichtet wird, geschehen?«

Schon Weihnachten 1959 hatte eine antisemitische Kampagne in der BR Deutschland stattgefunden. Das Strickmuster war das gleiche wie 1961. Es dürfte wohl ein »Mangel an Interesse« in den Herrscherkreisen der BRD bestehen, all' diese Stasi-Aktionen aufzudecken. Offensichtlich läßt es sich damit sehr gut leben.

Auszug aus dem Tätigkeitsbericht des in die Münchener jüdische Gemeinde eingeschleusten Stasi-Mitarbeiters:

»Berlin, den 15.5.1961

Bericht/61

I. Auftrag der Reise:

Auftragsgemäß wurden vom 7.-10.5.1961 in München/Bayern folgende Aufträge erfüllt:

a) Beschaffung von Adressen jüdischer Bürger der Stadt München

b) Beschaffung von Adressen israelischer Bürger, die Kontakte zur Israelischen Kultusgemeinde in München unterhalten

c) Aufklärung des jüdischen Viertels in München

d) Resonanz auf den Eichmann-Prozeß in Israel unter jüdischen Bürgern der Stadt München.

Die Aufträge wurden im wesentlichen erfüllt, die Kürze des Aufenthaltes verhinderte ausführliche Aufklärung zur Aufgabe d).

II. Verlauf der Reise:

zu a) u. b). Im Anhang befinden sich die Adressen jüdischer Geschäftsleute in München, die Mitglieder der IKG München sind. Fast alle Personen sind ehemalige Insassen faschistischer Konzentrationslager. Sie verfügen über weitreichende internationale Verbindungen in familiärer bzw. geschäftlicher Hinsicht aus der gemeinsamen Haft bzw. Ghetto-Aufenthaltes (Anlage 1) ...«

Quelle: »Münchener Stadtanzeiger«, 9.12.1993

»blick nach rechts« - Ein Stasi-Blatt?

Während die Stasi fleißig am Aufbau des »Rechtsradikalismus« beteiligt war, brauchte sie Sprachrohre, die ihre Desinformationen zur Volksverdummung in Westdeutschland publizierten.

Im Februar 1994 wurde in München der Mitherausgeber des zuletzt SPD-geführten Nachrichtenblattes »blick nach rechts« wegen Spionageverdachts für das MfS verhaftet. Kurt Hirsch wird vorgeworfen, während seiner Zeit als Referent Willy Brandts für den Ostberliner Geheimdienst spioniert zu haben. Jedenfalls existiert für diesen Zeitraum Beweismaterial gegen Hirsch. Daraus geht hervor, daß Hirsch Brandts »rechte Hand« Klaus-Henning von Rosen abgeschöpft hat. Von Rosen, der sich ebenfalls durch Verleumdungen gegen »Rechte« hervorgetan hat, wurde 1990 von der SPD damit betraut, die »antifaschistische« Münchener Postille »pdi« (pressedienst demokratische initiative) in den »blick nach rechts« umzuwandeln, der seitdem von der Bonner SPD kontrolliert wird. Das Ende von »pdi« fiel wohl nicht zufällig mit dem Ende des SED-Staates im Jahre 1990 zusammen.

Übrigens:

- »Einen Tag nach dem Haftbefehl gegen eine mutmaßliche Stasi-Spionin in der Bonner SPD-Zentrale ist auch der Kölner SPD-Landtagsabgeordnete Wilhelm Vollmann wegen Verdachts geheimdienstlicher Agententätigkeit verhaftet worden ...«.

- »Der frühere SPD-Abgeordnete Gerhard Fläming steht wegen Spionageverdacht vor dem Oberlandesgericht in Frankfurt am Main. Fläming, der von 1963 bis 1980 dem Bundestag angehörte, soll von 1969 an für das DDR-Ministerium für Staatssicherheit gearbeitet haben, wobei er 'wertvolle Erkenntnisse und Einschätzungen' geliefert habe.«

- »Generalbundesanwalt Nehm hat gegen einen ehemaligen

nordrhein-westfälischen SPD-Landtagsabgeordneten wegen des Verdachts der DDR-Spionage Anklage vor dem 4. Strafsenat des Oberlandesgerichts Düsseldorf erhoben.«

- »Gegen den früheren SPD-Politiker Karl Wienand wird möglicherweise in Kürze Anklage wegen geheimdienstlicher Agententätigkeit für die Stasi erhoben. Die Bundesanwaltschaft hat ihre Ermittlungen gegen den ehemaligen Parlamentarischen Geschäftsführer der SPD-Bundestagsfraktion abgeschlossen ...«

Quellen: »Neue Solidarität«, 09.02.1994, »die tageszeitung«, 18.09.1993, 02.05.1994, 06.05.1994 und 15.09.1994

1978:
»Neonazis« made by DGB

Düsseldorf - Um einen Bericht über angebliche neonazistische Tendenzen an weiterführenden Schulen zu illustrieren, hat die Jugendzeitschrift »Ran« gestellte Fotos machen lassen. Gegen den Chefredakteur des Blattes und einen Fotografen leitete die Düsseldorfer Staatsanwaltschaft jetzt ein Ermittlungsverfahren wegen des Verdachts der Verbreitung von Propagandamitteln verfassungswidriger Organisationen ein. Der DGB-Fotograf hatte Schüler einer Haupt- und einer Realschule dazu überredet, sich mit ihren Schultaschen, auf die zuvor mit Kreide Hakenkreuze gemalt worden waren, fotografieren zu lassen. Die Vorbereitungen für die Aufnahmen auf der Straße waren beobachtet worden. Der Rektor der Realschule hatte den Verfassungsschutz verständigt.

Quelle: »Rheinische Post«, 10.6.1978

»Du bist jetzt einer von uns« - Odfried Hepp

Der Besuch war nicht angemeldet. Eberhard Böttcher, Major in der Zentrale für Staatssicherheit (MfS) in der)Ost-)Berliner Normannenstraße, zeigte sich »völlig überrascht«, als ihn der diensthabende Offizier an einem grauen Februartag des Jahres 1982 telefonisch bat, »einen Herrn Hepp« am Empfang abzuholen. Der Name Hepp war Böttcher, Leiter der für die Bekämpfung des Rechtsradikalismus zuständigen Abteilung XXII/1 des MfS, aus seinen Akten ein Begriff. Odfried Hepp, damals 23, aus der Nähe von Offenburg, galt als einer der militantesten Aktivisten in der NS-Szene. Was Hepp dem Stasi-Major Böttcher mitteilte, alarmierte die DDR-Staatsschützer. Seitdem trafen sich der »Neonazi« und der Stasi-Major bis Ende 1982 regelmäßig alle drei Monate.

Die MfS-Genossen hatten Großes mit ihrer Neuerwerbung vor: Der Mann sollte die »rechte« Szene der Bundesrepublik für den DDR-Geheimdienst ausleuchten. Ausführlich berichtete Hepp dem MfS zunächst von der »Wehrsportgruppe Hoffmann« und ihrem Treiben im Libanon. An solchen Informationen waren die Herren in der Normannenstraße damals sehr interessiert.

Hepp hatte von Oktober bis Dezember 1982 im Rhein-Main-Gebiet mehrere Bombenanschläge auf Autos von US-Soldaten verübt. Bei einem Anschlag in Darmstadt war ein GI lebensgefährlich verletzt worden. Außerdem überfiel er mehrere Banken und erbeutete dabei mehr als 600.000 DM.

Als die Polizei ihm auf die Schliche kam, setzte sich Hepp in die DDR ab. Stasi-Offiziere brachten ihren Schützling zunächst für vier Wochen in das »Objekt 75«, einen Bungalow an einem See bei Groß-Köris in der Nähe von Königs Wusterhausen bei Berlin. Aus diesem Quartier zog Hepp im März 1983 in das »Objekt 74«, das Forsthaus »An der Flut« bei Briesen in der Nähe von Frankfurt (Oder). Dort hatte die Stasi zuvor Kader der RAF beherbergt.

Für seine Gastgeber verfaßte Hepp ein »Who is who« der »rechten« Szene in der BRD, mit dessen Hilfe die Stasi ihre mehr als 5.000 Karteikarten über Aktivisten der westdeutschen »Rechten« vervollständigte.

Hepp bekam den Decknamen »Friedrich« und erhielt bei Besichtigungsfahrten, die er mit seinen MfS-Betreuern unternahm, einen DDR-Personalausweis auf den Namen Siegfried Ludwig ausgehändigt. Die Stasi betrachtete ihn als treuen Mitkämpfer.

Hepps Vorschlag, er wolle als Stasi-Kundschafter in die deutsche Kolonie nach Argentinien gehen, um dort »Nazi-Verbrecher« aufzuspüren, war der Stasi zu riskant und wurde abgelehnt. Schließlich einigte man sich darauf, Hepp mit einem umfrisierten Paß in den Nahen Osten auszureisen zu lassen. Mit 10.000 West-Mark aus der Devisenkasse und einem Koffer voller West-Kleidung (Stasi-Geschenk) flog Hepp am 27. Juli 1983 von Berlin-Schönefeld nach Damaskus, der Hauptstadt Syriens.

Selbst die DDR-Zahnplombe, die Odfried Hepp während seines DDR-Aufenthalts eingesetzt wurde, wurde durch Westimport ersetzt. Mit Ost-Plomben war in früheren Jahren mancher DDR-Spion »auf die Schnauze gefallen«, erinnert sich ein Führungsoffizier.

In Syrien sollte der Übersiedler Arabisch lernen und sich eine bürgerliche Existenz aufbauen. Doch Hepp flog schon an Silvester 1983 nach Tunesien.

Während dieser Zeit traf sich Hepp regelmäßig mit Stasi-Offizieren im Hotel Royal in Budapest und berichtete ihnen vom Treiben arabischer Revolutionäre.

Hepp flog 1985 auf. Sein gefälschter West-Paß aus einer Stasi-Werkstatt lief im Juli ab. Bei dem Versuch, sich in Paris einen falschen britischen Paß zu kaufen, verhaftete ihn der französische Abwehrdienst DST am 8. April 1985 an der Bar des Hilton-Hotels. Die Franzosen lieferten Hepp im Februar 1987 an die BR

Deutschland aus. Hepp wurde zu zehn Jahren und sechs Monaten Gefängnis verurteilt. Den Idealen von Karl Marx fühlt sich Hepp noch immer verbunden.

Quelle: »Der Spiegel« Nr. 47/1991

»Neonazi« Albrecht - Über Ost-Berlin in den Libanon

Es geht um den in Thüringen geborenen, 42jährigen Programmierer aus Dortmund, Udo Albrecht. In einem vertraulichen Papier des Bundeskriminalamtes heißt es, es könne »nicht ausgeschlossen werden«, daß Albrecht vor rund sechs Jahren an der Ermordung des US-Botschafters in Beirut und dessen zwei Begleitern aktiv beteiligt gewesen sei.

Fest steht aber auf jeden Fall, daß Albrecht Deckung und Schutz der DDR erhalten hat. Er war unter dem Verdacht der Beteiligung an einer Serie von Banküberfällen, bei denen mehr als eine Million DM geraubt worden waren, gefaßt worden. In der Untersuchungshaft gewannen die Sicherheitsorgane den Eindruck, ihn zu einer Art V-(Verbindungs-)Mann machen zu können.

So blieb Albrecht auch ungefesselt, als er Mitte letzten Jahres in Begleitung von fast einem Dutzend Beamten unmittelbar an der innerdeutschen Grenze ein angeblich von Rechtsextremisten angelegtes geheimes Waffenlager auffliegen lassen wollte. Als sich seine Bewacher von einem vorbeidonnernden Zug ablenken ließen, floh er über die Grenze in die DDR.

Obwohl sowohl in Bonn als auch in Ost-Berlin immer wieder darauf hingewiesen wird, daß Kriminelle der jeweils anderen Seite »überstellt« werden, schaltete die andere Seite in diesem Fall auf stur. Mehr noch: Der Thüringer aus Dortmund ist - mit Absegnung aus Ost-Berlin - wieder im Libanon verschwunden.

Quelle: »BM-Post«, 06.03.1982

Der Fall des V-Mannes Lepzien

Neue Enthüllungen über die Aktivitäten des niedersächsischen Verfassungsschutzagenten Hans-Dieter Lepzien haben Zweifel an der Darstellung des Geheimdienstes genährt, von den Straftaten ihres Agenten nichts gewußt und ihn keinesfalls dazu angestiftet zu haben. Es wurde bekannt, daß Lepzien »bei seiner Anwerbung 1976 zwar grundsätzlich ermahnt worden war, bei seiner Agententätigkeit in der Neonazi-Szene keine Straftaten zu begehen, ausdrücklich war aber als Ausnahme eine Mitwirkung an der Einfuhr neonazistischen Propagandamaterials erwähnt worden, falls das für den Zugang zu Informationen unerläßlich sei. Bei Sprengstoffdelikten müsse von Fall zu Fall darüber geredet werden, ob sich Lepzien beteiligen dürfe, hatte ihm die Behörde nach eigenen Angaben erklärt.

Lepzien beteiligte sich dann aktiv an der Einfuhr des im Ausland gedruckten 'Völkischen Beobachters' und anderer Hetzschriften. Er besorgte die Fahrzeuge und rechnete die Fahrtkosten mit der Behörde ab. Holtfort sagte: 'Der Steuerzahler finanzierte die Einfuhr von Nazi-Schriften'.«

Der damalige Leiter des niedersächsischen Verfassungsschutzamtes, Peter Frisch (SPD), berief sich auf eine höchstrichterliche Entscheidung, wonach V-Leute einer trotz Verbots weiterbestehenden Organisation beitreten dürften. Damit sei eine eigentlich strafbare Handlung als nachrichtendienstliches Mittel anerkannt worden, meinte Frisch.

»In der Schweiz besorgte Lepzien Sprengstoff. Er stellte auch den Kontakt zu einem Bombenbastler in seiner Heimatstadt Peine her, der zunächst drei kleine Sprengsätze anfertigte, von denen zwei im Herbst 1977 an Justizgebäuden in Hannover und Flensburg hochgingen. Einen dritten nahm in Lepziens Wohnung der Neonazi Michael Kühnen in Empfang. Gegenüber einem V-Mann des Berliner Verfassungsschutzes, Werner Lock, brüstete sich Lepzien mit der Bombenproduktion.

Das Berliner Verfassungsschutzamt richtete daraufhin vier schriftliche Warnungen an die niedersächsische Behörde. Trotz dieser Enthüllungen blieb Frisch am Mittwoch bei der Darstellung, seine Behörde habe von der Bombenproduktion und den Sprengstoffanschlägen nichts gewußt.«

»Die Gruppe flog auf, als Lepzien ein Jahr nach diesen Anschlägen den Braunschweiger Neonazi Paul Otte überredete, ihm eine große Bombe abzukaufen, und dann den Behörden den Tip gab, Otte plane einen Anschlag auf das jüdische Gemeindezentrum in Hannover.«

Lepzien, vom Bundesgerichtshof zu zweieinhalb Jahren Haft verurteilt, wurde nach Verbüßung eines Teils der Haft vom damaligen Bundespräsidenten Karl Carstens begnadigt. Laut Urteil soll Lepzien zur Einfuhr von 1.000 Plakaten, 40.000 Klebezetteln und 5.000 Exemplaren des »Völkischen Beobachters« beigetragen haben. Der Verfassungsschutz bemühte sich nach Frischs Angaben um eine neue Stelle für Lepzien.

Quellen: »Frankfurter Rundschau«, 26. und 28.07.1984

1986:
Der Mord an Olof Palme

In dem aufsehenerregenden Interview der schwedischen Zeitschrift »Journalisten« Ende August mit dem Stasi-Desinformations-Spezialisten Dr. Brehmer heißt es: »Drei Tage nach dem Mord an Olof Palme erhielt die Abteilung X den Auftrag, sich in die Ermittlungen der schwedischen Polizei einzuschalten. Vom Standpunkt einer marxistischen Gesellschaftsanalyse sollte die Abteilung festlegen, wer der oder die Mörder von Palme sein könnten.« Oberstleutnant Brehmer entwarf nun am Schreibtisch die These, »daß nur Rechtsextremisten den Mord begangen haben können«, und lancierte die Lüge in die internationale Presse, die EAP - die in den Medien bisweilen als rechtsextrem bezeichnet wurde - sei für den Mord verantwortlich.

Brehmer: »Auf meinem Schreibtisch entwarf ich Pläne, wie man die EAP-Theorie in die schwedischen Polizeiermittlungen einfließen lassen konnte. Der Plan bestand darin, einer schwedischen Tageszeitung einen anonymen Telefonanruf zukommen zu lassen. Dieser sollte bereits in einer Woche nach dem Mordanschlag erfolgen.«

»Als Alternative könnte die Information auch direkt über eine der besonderen Telefone durchgegeben werden, die die Polizei für Informationen aus der Bevölkerung eingerichtet hatte. Der Inhalt sollte in etwa lauten, daß der Anrufer 'weiß, daß die EAP das Verbrechen begangen hat'. Zusätzlich hätte er 'hektische Aktivitäten im EAP-Hauptquartier während der fraglichen Nacht beobachtet'.«

»Nichts davon war wahr, aber es klang gut informiert und glaubwürdig«, erinnerte sich Brehmer.

Darüber hinaus sagte Brehmer: »Es lagen verschiedene Vorteile darin, besonders die EAP ins Visier zu nehmen. Einmal, um von 'Gruppen des linken Flügels' abzulenken. Darüber hinaus würden die Medien und die Polizei sich gegenseitig dahingehend beeinflussen, sich die EAP und andere rechtsextreme Organisationen genauer anzusehen.«

Tausende Agenturmeldungen, Nachrichtensendungen und Zeitungsartikel verbreiteten nach der Ermordung Palmes in Windeseile, daß die EAP »jene rechtsgerichteten Kreise« seien, aus denen heraus der Mord geplant und durchgeführt worden sei.

Nach dem Zusammenbruch des kommunistischen Systems im Osten kommt mit den Geständnissen des Ex-Oberstleutnants Brehmer zum erstenmal ein Stück Wahrheit über das Ausmaß dieser gezielten »Verleumdungskampagne« ans Tageslicht. Medien in Mexiko und Peru haben diese Geständnisse des Stasi-Desinformationsspezialisten aufgegriffen und darüber berichtet, wie Brehmer nach der Mordtat am 28. Februar 1986 die falschen Fährten ausgelegt hat, und fügten hinzu, welche schmutzige Rolle die ADL und der US-amerikanische Fernsehsender NBC an der Verteufelung der EAP-Leute gespielt haben.

Quellen: »Neue Solidarität«, 09. und 23.09.1993

Rostock - Angezettelt, aber von wem?

Der brandenburgische Innenminister Alwin Ziel war der erste führende Politiker, der in einem Fernsehinterview am 31. August 1992 davon sprach, daß »so etwas geplant ist, da steckt auch eine Strategie dahinter, der wir uns zu stellen haben«. Nach drei Nächten fortgesetzter Unruhen in Cottbus sagte Ziel: »Wir hatten in Cottbus den Eindruck, daß die rechtsradikalen Jugendlichen geführt wurden.« Personen, die mit Sprechfunkgeräten ausgestattet waren, hätten Anweisungen an die Randalierer gegeben. Auch der Bundeskanzler sprach in der Bonner Kabinettsrunde am 26. August davon, daß die Rostocker Krawalle »generalstabsmäßig vorbereitet« und von »ehemaligen Stasi-Leuten« angezettelt wurden.

In der Tat wurden am 23. August, so war aus Polizeikreisen zu erfahren, mehrere Personen in Rostock verhaftet, die früher zu einer besonderen Einheit der Stasi gehörten und offenbar jetzt eine nicht unwichtige Rolle bei der Anstachelung der Unruhen spielten. Die sog. rechtsextremistische Szene der neuen Bundesländer ist auch von Personen durchsetzt, die bereits vor der Wende 1989 führende Positionen in der FDJ, der GST (die sich mit der vormilitärischen Erziehung der DDR-Jugend befaßte »Gesellschaft für Sport und Technik«) und den Ordnerdiensten der SED und anderer Parteiorganisationen besaßen.

Quelle: »Neue Solidarität«, 09.09.1993

Januar 1993: München - Aus Furcht vor Eltern Überfall vorgetäuscht

Am 26. Januar 1993 - ausländerfeindliche Skinheads traten jetzt auch in München wieder durch brutale Überfälle in Erscheinung: Eine 17jährige türkische Arzthelferin in Neuperlach wurde aus dem Gebüsch heraus angegriffen, mit einer Gaspistole im Gesicht verletzt, zu Boden geschlagen und mit Springerstiefeln krankenhausreif getreten.

Ebru A., 17, hatte sich mit ihrer rumänischen Freundin Rodzina P., 18, zu einer Spazierfahrt durch die Stadt verabredet. Nach der Spritztour trennten sich die Mädchen. Als Ebru A. allein war, lauerten ihr die beiden Täter auf, von denen sie einen bereits aus einem Lokal kannte: Der große, überschlanke, etwa 20jährige Mann sprach bayerisch und führte oft einen schwarzbraunen, größeren Hund mit sich.

Er und ein etwas jüngerer, an der Handoberfläche tätowierter Glatzenträger sprangen Ebru A. an, schubsten sie auf einer Fußgängerbrücke über die Ständlerstraße vor sich her. Der Tätowierte gab aus nächster Nähe einen Schuß aus seiner Gaspistole auf ihr Gesicht ab. Sie hörte immer wieder haßerfüllte Schimpfworte wie »Sch...-Ausländerin!«, dann versagte ihr der Atem, sie stürzte und spürte überall am Körper die Tritte, mit den schwarzen Springerstiefeln, bis die Täter von ihr abließen.

Die Türkin lief voller Panik in das Freizeitheim an der Quiddestraße, von wo man sie in die Dermatologische Klinik an der Thalkirchner Straße brachte. Heute wird sie einer Gesichtsoperation unterzogen, von der nach Ansicht der Ärzte eine Narbe unterhalb des rechten Auges bleiben wird ... So meldete dies die »Süddeutsche Zeitung« am 26. Januar 1993. Andere Pressemeldungen klangen ähnlich. Nur einen Tag später hat die Politiker-Kaste schon reagiert. Am 27. Januar meldete die »Süddeutsche Zeitung«:

Stoiber drückt Türkin sein Mitgefühl aus - Der bayerische Innenminister Stoiber hat sich gestern mit einem Schreiben an das Opfer geäußert, in dem er sein Mitgefühl ausdrückt und das Mädchen mit seinen Angehörigen für die Zeit nach der Genesung in sein Ministerium einlädt.

»Ich bin fassungslos, daß sich junge Deutsche zu solchen feigen Taten hinreißen lassen, nur weil das Opfer nicht Deutsche ist.«

Wegen des Überfalls empörten sich Ausländerbeirat und türkische Öffentlichkeit, ermittelte die Staatsschutzabteilung, empfing Innenminister Stoiber den türkischen Generalkonsul, bastelte die Polizei an einem Phantombild, wurde vom Landeskriminalamt eine Belohnung von 3.000 DM ausgesetzt, gingen türkische Jugendliche in Neuperlach auf die Jagd nach Skinheads. Während vor Rechtsradikalismus Mahnende, besessen von der Vorstellung, daß jedes Opfer mit einer anderen Nationalität in Deutschland von Nazis überfallen worden sein muß, alle Künste der Rhetorik repräsentierten, kam die große Verblüffung. Am 29. Januar 1993 meldete die »Süddeutsche Zeitung«: Aus Furcht vor Eltern Überfall vorgetäuscht. Den wahren Sachverhalt ermittelte der Bruder des Mädchens, den die Eltern der Tochter häufig als »Anstands-Wauwau« beigegeben hatten. Er wurde durch die Bemerkung eines Reporters stutzig, der einen anonymen Anruf erhalten hatte: »Das waren doch gar keine Skins, es waren Türken.«

Der Journalist hatte dahinter zunächst ein Ablenkungsmanöver aus dem vermeintlichen Tätermilieu vermutet. Doch Ebrus Bruder hielt diese Version für möglich. Ohne seine Eltern einzuweihen, setzte er seine Schwester beim Krankenhausbesuch peinlichen Fragen aus. Das Mädchen brach zusammen und gab zu, die Spritztour mit ihrer rumänischen Freundin Rodzina P. erfunden zu haben. In Wirklichkeit sei sie mit ihrem Freund Erol C. in dessen Wagen gefahren. Solche Männerkontakte werden von türkischen Familien nur beim männlichen Nachwuchs toleriert. Nach der Autofahrt kamen noch ein Murad und ein Levent sowie Rodzina und deren jüngerer Bruder hinzu. Dabei muß es beim Hantieren mit der Gaspistole zu einem Unfall gekommen sein. Der Freund gesteht ein, daß er beim Schmusen »aus Spaß« seine Gaspistole an die Schläfe des Mädchens gehalten habe. Er hat vergessen, daß sie geladen war. Die Polizei vermutet jedoch, daß er das Mädchen eventuell mit Gewalt zur Liebe zwingen wollte.

Quellen: »Süddeutsche Zeitung«, 26., 27. und 29.10.1993, »Münchner Merkur«, 29.01.1993

21.01.1993: »Es können nur Rechtsradikale gewesen sein« - Der Fall Kerstin Winter

Schwesternschülerin von Paketbombe getötet - Spekulationen zielen auf Rechtsextremisten als Täter. So lautete eine der Überschriften, die im Januar 1993 die antifaschistische Szene zu einem Mythos werden lassen sollte. Was war geschehen?

Der Freitag hatte gut angefangen für Kerstin Winter. Am Morgen hatte sie den Mietvertrag der neuen Wohnung für sich und ihren Freund unterschrieben. Dann bekam sie Besuch von alten Freunden. Und plötzlich stand da noch dieses Postpäckchen vor der Tür: »Wenn's 'ne Flasche Sekt ist, bleiben wir«, alberten ihre Besucher.

Uwe, Kerstins Freund, schilderte er sei im Bad gewesen, als die Paketbombe explodierte: »Ich riß die Tür auf, und alles war dunkel, voller Rauch und Splitter. Dann sah ich Kerstin am Boden liegen. Die Finger ihrer rechten Hand fehlten, und auch das rechte Knie war weg.« Uwe begab sich neben sie, legte ihren Kopf in seinen Schoß und schrie nach Hilfe. Doch für die 24jährige Krankenschwesternschülerin gab es keine Rettung mehr. Die Brutalität des Mordes schockte nicht nur das schöne Freiburg. Überall in Deutschland demonstrierten junge Menschen aus der linksautonomen Szene, in der sich auch das Punk-Mädchen mit den blonden Rasta-Locken und der schwarzen Baskenmütze engagiert hatte. Mannheim, Stuttgart, Koblenz Freiburg und Berlin - »Wandelt Trauer in Wut und Widerstand« war das Motto. Sie glaubten an einen Anschlag von Neonazis. Unmittelbar nach dem »Fascho-Attentat« haben Kerstins Freunde ein »Autonomes Ermittlungskomitee Kerstin« gegründet. Die Demo-Veranstalter sprechen von »Ignoranz« und »aktiver Pogromstimmung«, weil die Polizei nicht gezielt gegen Rechtsextreme, sondern in alle Richtungen ermittle.

Wer war Kerstin Winter? Kerstin war ein ungewöhnlicher Mensch. Sie hatte ein offenes Ohr für jeden und gab ihr letztes Hemd, wenn jemand in Schwierigkeiten war, sagt Claudia, eine ihrer Mitschülerinnen aus dem Krankenhaus. Jeder, ob Vorgesetzte, Nachbarn oder Freunde, kann eine Geschichte über Kerstin erzählen. Da ist die Geschichte von der alten Frau, die sie im Krankenhaus pflegte und deren letzten Wunsch sie erfüllte: Kerstin sorgte dafür, daß sie zu Hause sterben konnte. Sie half, wo sie konnte. Dabei hatte sie es selbst nie leicht: Der Vater starb, als sie 13 Jahre alt war. Nach der Schule haute sie ab aus dem langweiligen Konstanz und tauchte dabei in der alternativen Freiburger Szene ein. Sie war gerade 16, lebte in besetzten Häusern, schlief in Garagen. Selbst eine Vergewaltigung in dieser Zeit konnte ihr Vertrauen in andere nicht zerstören. Der eigenen Familie ging Kerstins »sozialer Tick« manchmal auf die Nerven, auch ihrem Freund Uwe. Dabei gehörte er ebenfalls zu den Sorgenkindern, um die sie sich ständig kümmerte. Als er das Mädchen kennenlernte, war er arbeitslos. Er verbrachte seine Tage kiffend und trinkend im Punker-Milieu. Kerstin versuchte den Jungen aufzubauen ...

Die Freiburger Innenstadt hallte wieder von den Sprechchören der 5.000 Demonstranten: »Kerstin Winter - das war Mord! Schlagt die Faschisten an jedem Ort«. Drei Tage nach dem Attentat waren ihre Gefährten, Nachbarn und Kollegen auf die Straße gegangen, um gegen »Fascho-Mörder« ein Zeichen zu setzen. Doch der Mörder war an jenem Abend mitten unter ihnen - Kerstins Ex-Freund Michael B.

Der 38jährige hatte Kerstin 1985 kennengelernt. Ein Dreivierteljahr waren die beiden ein Paar. Indizien veranlaßten die Polizei, den Ex-Freund wochenlang nicht aus den Augen zu lassen. Eines Nachts ertappten Sie ihn dabei, wie er Klingeldraht in einem Bach versenkte - Draht der Art, wie er für den Bombenbau verwendet worden war. Und ein Schriftexperte hielt es für wahrscheinlich, daß die Aufschrift auf der Paketbombe von ihm stammt. Bevor Michael B. festgenommen und in die geschlossene Abteilung eines Landeskrankenhauses eingewiesen wurde, hatte ein Gutachter ihm eine »schwere Psychose« bescheinigt: Der Mann sei »für die Allgemeinheit gefährlich«. Ungefähr ein Jahr später wird Michael B. von der I. Großen Strafkammer des Landgerichtes verurteilt.

Quellen: »Südkurier«, 25.01.1993, »BZ« 26.01.1994 und 13.03.1993, »Stern«, 04.02.1993 und Infos des Landeskriminalamtes Baden-Württemberg, Referat Öffentlichkeitsarbeit.

Erbendorf
29./30. Juni 1993

Das Herz des kleinen Dörfchens steht still. In der Nacht vom 29. auf den 30. Juni 1993 ist Erbendorf Schauplatz eines abscheulichen Verbrechens geworden.

Der Anschlag

Alfred Trenner hörte die Zeichen von Mehmet Güdücks als erster. Der 29jährige Türke warf Steine gegen das erleuchtete Fenster des DRK-Heimes. »Haus brennt!«, rief er. Sofort waren die Lebensretter zur Stelle.

Im Schutze der Dunkelheit hat ein bis dahin Unbekannter Feuer gelegt. Die Wohnung der türkischen Familie Güdücks geht in Flammen auf. Der Weg über den Flur war wegen des dichten Qualms versperrt. Die Bewohner im Erdgeschoß suchten sich einen Weg durchs Fenster. Peter Kellermann sprang vom Balkon seiner Wohnung im ersten Stock in den Garten, ließ sich seine Tochter Sandra (2 Jahre alt) von Ehefrau Elke nachreichen und diese folgte dann. Eine andere Familie mußte in dem brennenden Haus ausharren, bis jemand eine Leiter besorgt hatte, erst dann konnten sie sich retten. Auch die hochschwangere Nachbarin mußte über den Balkon und die Leiter. Sie wurde wegen der Gefahr einer Frühgeburt ins Hospital gebracht.

Das Mädchen, das die Dachwohnung gemietet hat, verschanzte sich im Bad und wartete auf Rettung. »Ich halte es nicht mehr aus«, rief sie einmal in die Nacht. Kurz danach wurde sie geborgen. Diagnose: Rauchvergiftung.

Die türkische Familie Güdücks hat ihre Rettung dem Vater zu verdanken, da dieser »die Zeichen der Brandstifter richtig gedeutet« hatte.

Uli Springer brachte erst seine Frau und die einjährige Tochter in Sicherheit und alarmierte dann die Polizei.

Trauer und Entsetzen

Landrat Haberkorn sichert den Opfern Unterstützung zu. Oberstaatsanwalt Lutz Höbold läßt schon jetzt erkennen, daß gegen die Brandstifter mit aller Konsequenz vorgegangen wird. Das sei schwere Brandstiftung und möglicherweise auch versuchter Mord in 24 Fällen. »Eine Riesensauerei ist das«, verurteilt ein anderer diese Tat. »Unbegreiflich«, erwähnt ein anderer. Mehmed Güdück berichtete von Drohanrufen wie »Ausländer raus« und »Seid ihr immer noch da«.

Ein Pfarrer initiiert Aktionen, wie Schweigemarsch, runder Tisch und Spontandemo.

Die Presse ist allwissend

»Brandanschlag gegen Türken ...«, »Fremdenhaß lähmt Erbendorf«.

Die Jagd beginnt

Die Ermittler nehmen ihre Arbeit auf. Spurensuche, Verhöre, Zeugenvernehmung. Eine Beschreibung des Mannes, den Güdück weglaufen sah, wird veröffentlicht. Das Innenministerium bietet 10.000 DM demjenigen, der Licht ins Dunkel bringen kann.

Überraschendes Ermittlungsergebnis

Am Morgen des 23. Juli war der Zeitungsleser überrascht. Nicht Neonazis waren die Täter. Das Feuer wurde vom »Opfer« Mehmed Güdück selbst gelegt. Der Einfachheit halber waren die Ermittler von einem rechtsradikalen Hintergrund ausgegangen. Güdück hatte bei seiner Vernehmung angegeben, daß eine Person einen Brandsatz durch das Fenster geworfen hatte. Allerdings konnten die Ermittler weder ein entsprechendes Gefäß, noch Spuren einer brennbaren Flüssigkeit vorfinden. Später wurde festgestellt, daß das Fenster des Kinderzimmers von innen nach außen eingeschlagen wurde. Fraglich bleibt, warum die Ermittler für diese Feststellungen fast einen Monat benötigten.

Nachtrag

Der Pfarrer in Erbendorf, Klaus Rettig, reagierte erschrocken, als er von der Verhaftung Güdücks erfuhr. »Man muß sich nun vor Rufmord hüten.« bemerkte er gegenüber der »Mittelbayrischen Zeitung«. Der wackere Streiter gegen Fremdenfeindlichkeit räumte **nunmehr bei der Verhaftung Güdücks** ein, daß die Polizei auch Fehler machen kann.

Halle (Saale), 10. Januar 1994

Erneut hält die Welt den Atem an: Einer 17jährigen behinderten Jugendlichen wurde von »Rechtsradikalen« ein Hakenkreuz ins Gesicht geschnitten. Noch am gleichen Abend - ohne jeden Verdacht - werden 200 (zweihundert!!) Wohnungen und Treffpunkte der »einschlägigen Szene« durchsucht, die elementarsten Grundrechte zertreten, ohne mit der Wimper zu zucken. Bundesweite Großfahndung nach drei »Skinheads« mit »Phantombildern«. 10.000 aufgehetzte, »fassungslose« Hallenser auf einer Pogrom-Demo »gegen Rechts«. Ein Medienspektakel ohne gleichen, das In- und Ausland »fassungslos«. Leitartikel und Kommentare, die jeden Anstand, jedes Maß, jeden Hauch von Vorsicht, Zweifel und Zurückhaltung vermissen lassen. Es geht schon längst nicht mehr gegen Kriminelle, sondern schlichtweg »gegen Rechts«.

Verdeutlicht wird diese Feststellung anhand der Meldungen aus »die tageszeitung« (taz):

»taz«, 12. Januar 1994: »Behinderter Frau Hakenkreuz ins Gesicht geschnitten

Rechtsradikale Täter aus Halle flüchtig / Nicht zum erstenmal wurden Behinderte überfallen

Halle (taz) - Drei rechtsradikale Jugendliche haben in Halle einer 17jährigen Frau ein Hakenkreuz ins Gesicht geschnitten ... Von ihnen (den Tätern) fehlte bis Redaktionsschluß jede Spur. Sie werden der rechten Hallenser Szene zugeschrieben ... «

»taz«, 14. Januar 1994: »Größte Demo gegen Rechts im Osten

Über 10.000 in Halle auf der Straße / Wo war Genscher? ...

Am Montag hatten in Halle drei Skins einer 17jährigen Rollstuhl-

Foto: AP. Halle, 12. Januar 1994

fahrerin ein Hakenkreuz in die Wange geritzt. Drei Tage später schafften es SchülerInnen und Studierende der Stadt, eine Demonstration mit mehr als 10.000 Menschen zu veranstalten ...

'Gestern waren es Ausländer - heute sind es Behinderte - wer ist der nächste?' stand auf den Transparenten. Andere fragten danach, was die Politik gegen rechtsextreme Gewalt tue.

Zeitgleich kündigte gestern ein Mitarbeiter von Kanzleramtsminister Bohl gegenüber der »taz« drastische Strafverschärfungen an ... Ob Rassismus als Straftatbestand ins Strafgesetzbuch aufgenommen werden soll, stehe noch nicht fest. Angehörige des öffentlichen Dienstes, die einer rechtsradikalen Partei angehören, sollen entlassen werden. Welche Parteien unter das Verbot fallen sollen, konnte der Beamte des Kanzleramtes nicht sagen: Man werde sich da an die Verfassungsschutzberichte halten.

Ferner will die Bundesregierung verstärkt Einheiten des Bundesgrenzschutzes bei unerlaubten Neonazi-Veranstaltungen einsetzen, acht 'Zugriffseinheiten' sollen bereitstehen. Fußballfans mit rechtsextremistischem Hintergrund können dem Regierungsbericht zufolge bundesweit von allen Stadienbesuchen ausgeschlossen werden ... Gedacht sei an ein polizeiliches Korrespondentennetz und an eine europaweite Verknüpfung der gesammelten Daten ...«

In derselben Ausgabe der »taz« geht es munter weiter:

Seite 10: »Halle: Ungeahnte polizeiliche Aktivitäten gegen Rechts

Hierarchie der Opfer?

Es geht also doch. Es braucht nur einen ganz besonders abscheulichen Anlaß, damit der Polizeiapparat ungeahnte Energien und Personalkapazitäten freisetzt und intensiv nach rechten Gewalttätern fahndet ... So ernst also kann man rechte Gewalt auch nehmen. Man muß nur wollen ...

Wie viele ausländerfeindliche Anschläge hätten verhindert werden können, wenn Sicherheitsbehörden und Politiker gleich von Anfang an signalisiert hätten, daß rechtsradikale Gewalt nicht nur ein Angriff auf das einzelne Opfer ist, sondern auf eine gesamte Gesellschaft ...«

Wo war hier auch nur einmal das Wort »mutmaßlich« zu lesen? Bei fast allen Kriminellen wird dieser Vorbehalt des »mutmaßlichen« bis zum Erbrechen in jeder Meldung mehrfach wiederholt, wenn der oder die Täter noch nicht überführt und rechtskräftig verurteilt sind. Für »Rechte« gibt es bei den Medien keinen solchen Vorbehalt, keine Unschuldsvermutung, kein »mutmaßlich«! Aber nicht nur die »taz«, sondern auch der Rest der Medienwelt ist sich einig, wenn es gegen »rechts« geht.

Am 13.01.1994 berichtete »Bild«:

»Bonn-Plan: Sondereinheiten gegen Neonazis - Jetzt sind alle Neonazis dran! Beamte, Angestellte und Arbeiter im öffentlichen Dienst sowie Soldaten, die in rechtsradikalen Parteien Mitglieder sind, sollen entlassen werden.«

Eine weitere Meldung:

»Westdeutsche Allgemeine Zeitung«, 12.01.1994:

»Was sich da abspielt, ist ekelhaft. Einer jungen Frau im Rollstuhl ein Hakenkreuz ins Gesicht zu schneiden - das ist nichts als sinnlose, dumpfe Brutalität. Sie entlarvt den Rechtsradikalismus als eine Ideologie, die die Gewalt gegen Schwächere zum Prinzip erhebt.

Die Neonazis in Schlips und Kragen und die primitiven Schläger, die politischen und die brutalen, sie gehören zusammen. Wer sich auf die 'feineren' Rechtsradikalen einläßt, muß damit rechnen, daß er auch die Totschläger unterstützt.«

Die große Enthüllung

Am 17. Januar, nachdem die bundesweite Hetze durch alle Medien ging und alles, was als »rechts«, »national« oder nur als »deutsch« betitelt werden kann, verunglimpft wurde und somit eine politische Weltanschauung mit der gesamten Macht eines Staates auf Jahre geschädigt und ins »Aus« manövriert wurde, kam die Wahrheit ans Tageslicht:

Das 17jährige Mädchen hatte sich das Hakenkreuz selbst ins Gesicht geritzt. (Quelle: »Frankfurter Rundschau«, 17.01.1994)

Ob aus eigenem Antrieb oder auf Wunsch anderer Kräfte wird wohl ein Geheimnis bleiben. Die Staatsanwaltschaft hat die Ermittlungen gegen die Rollstuhlfahrerin wegen Vortäuschung einer Straftat eingestellt (!). Der Staatsanwalt Hoßfeld appellierte an die Medien, das Mädchen in Ruhe zu lassen (!). Warum?

Der V-Mann im Fall Solingen

Geargwöhnt hatte er nichts, gesehen oder gehört hatte er nichts, und hinterher hat er trotz eifrigster eigener »Recherchen und Überlegungen« auch nichts herausgefunden. Auf diesen kurzen Nenner läßt sich die Selbstdarstellung des V-Mannes des Verfassungsschutzes, Bernd Schmitt, bringen.

Der Treffpunkt der rechten Szene in Solingen, die Kampfsportschule »Hak-Pao« wurde von einem V-Mann des nordrhein-westfälischen Verfassungsschutzes geleitet. Sein Name: Bernd Schmitt. Drei der vier Angeklagten im Solinger Mordprozeß nahmen zeitweise dort an dem Training teil. Nach der Aussage von Felix K. (17) hatte Schmitt mit dem Argument geworben: dort sollten »Special Forces« zum Schutz von Rechten und Skins ausgebildet werden.

Wie in solchen Fällen üblich, verweigerte die Spitze der Verfassungsschutzbehörde eine eindeutige Stellungnahme. Der nordrhein-westfälische Innenminister Schnoor (SPD) verheimlichte länger als ein Jahr, daß der Verfassungsschutz einen V-Mann ins Zentrum der rechten Solinger Szene plazierte (warum?). Als Schnoor sich schließlich gezwungen sah, den V-Mann doch preiszugeben und ihn damit zu »verbrennen«, rief er ihm immerhin noch nach, daß dieser Bernd Schmitt einer »der wichtigsten Informanten des Verfassungsschutzes in der rechtsextremistischen Szene« gewesen sei.

Warum hat der V-Mann des Verfassungsschutzes unmittelbar nach dem Brandanschlag umfangreiches Aktenmaterial aus seiner Kampfsportschule wegschaffen lassen? Ein dreiviertel Jahr später fand die Polizei das Material. Es waren u. a. Anleitungen zum Bau von Molotowcocktails, Observationsprotokolle und genaue Lageskizzen von überwiegend von Ausländern bewohnten Häusern in Bonn, Köln und Wuppertal. Es bedurfte erst eines Artikels im »Solinger Tageblatt«, bevor sich die zuständige Düsseldorfer Staatsanwaltschaft mit diesem Fund beschäftigte.

Die Düsseldorfer Staatsanwaltschaft leitete ein Ermittlungsverfahren gegen den V-Mann des Verfassungsschutzes ein.

Im August 1994 meldete die »WAZ«, daß Beamte der Anti-Terror-Einheit GSG 9 ebenfalls in der Solinger Kampfsportschule »Hak Pao« trainiert haben sollen und beruft sich dabei auf zwei Zeugen vor dem Oberlandesgericht.

Erwähnenswert bleibt noch, daß der V-Mann des Verfassungsschutzes 17mal vorbestraft ist. Gefährliche Körperverletzung, Diebstahl und Betrug gehen auf sein Sündenregister.

Hatte der V-Mann einen staatlichen Auftrag, der dazu führte, daß in Solingen dieses schreckliche Ereignis über viele Monate hinweg die Medien und die Köpfe der Menschen beschäftigte? Warum hatte Schnoors Spitzen-V-Mann Anleitungen zum Bau von Molotowcocktails versteckt?

Rolf Bossi, der Anwalt der Angeklagten, tobte während einer Verhandlung gegen die mutmaßlichen Brandstifter im Verhandlungssaal, weil, so berichtet der »Kurier« vom 18. Juli 1993, »die Richter wild zum Verurteilen entschlossen sind«.

Bossi verteidigt den Angeklagten nicht mehr. Grund: »Der Vater muß zahlen, und es ist sinnlos, weiteres Geld auszugeben für eine Tätigkeit, die am schon feststehenden Urteil nichts mehr ändert.« Bossi sucht »die wahren Täter in Politik und Justiz«.

Quellen: »Frankfurter Rundschau«, 04.08.1994, »KURIER«, 18.07.1993, »Westdeutsche Allgemeine Zeitung«, 05.08.1994, »die tageszeitung«, 28.05.1994, »Süddeutsche Zeitung«, 11.08.1994.

Christian R. - Ein Angeklagter im Prozeß um den Solinger Brandanschlag

Auf der Suche nach den Motiven für den Brandanschlag in Solingen wuden die Sonderermittler des BKA vor allem bei dem 16jährigen Christian R. fündig. Sie kommen zu dem Schluß: Es handelte sich nicht um eine geplante, zielgerichtete politisch motivierte Tat (!), sondern um das eher »zufällige Ergebnis einer brisanten Mischung aus Alkohol, Zerstörungswut und dumpfem Ausländerhaß«.

Die Ermittler entnehmen dies umfangreichen Akten, die sie in einem Erziehungsheim der evangelischen Diakonie in Neukirchen-Vluyn (bei Krefeld) beschlagnahmten. Christian R. hatte acht Jahre im Heim gelebt.

Der Jugendliche war für Verfassungsschutz und politische Polizei ein »unbeschriebenes Blatt«. Er war nicht Mitglied einer rechtsextremen Gruppe, gehörte auch nicht Skinhead-Gruppen an.

Bekannt war Christian dagegen in den Kommissariaten, die sich mit Körperverletzungen und Zerstörungsdelikten befassen. Schon mit sechs Jahren - so geben die Heimakten preis - erwies sich der Junge, der ohne Vater aufwuchs, als »verhaltensgestört«. Er attackierte regelmäßig Spiel- und Schulkameraden mit Steinen und warf Gegenstände von Brücken. Seine alleinerziehende Mutter und die Lehrer wurden nicht mit ihm fertig.

Mit acht Jahren kam Christian auf Veranlassung seiner Mutter in das Heim der »Freiwilligen Erziehungshilfe«. «Seither haben sich die Erzieher an ihm die Zähne ausgebissen», sagte ein Betreuer.

Von Gleichaltrigen wurde der Junge abgelehnt, weil ihnen seine Anfälle von blinder Zerstörungswut unheimlich waren. Wegen »beschränkter Intelligenz« war er für pädagogische Einflußnahme nur begrenzt zugänglich.

»Er ist ein Kind unserer Gesellschaft, in der schlimme Gewalterfahrungen gemacht und nachhaltige Desorientierungen erfahren werden«, sagte Heimleiter Pastor Rudolf Weth. »Auch wenn vielen Jugendlichen heute rechtsradikale Parolen über die Lippen gingen, habe das mit politischen Hintergründen nicht unbedingt etwas zu tun.«

Im Verlauf der Vernehmungen kamen die Ermittler dahinter, daß der Junge »eigentlich gegenüber allen Menschen feindlich« eingestellt ist.

Quelle: »Welt am Sonntag«, 06.06.1993

»Du bist tot, Junge, tot, tot, tot«

Solingen: Vorwürfe gegen Polizisten

... Der Richter Steefen will von Christian B. mehr wissen. Da bricht es aus dem 21jährigen heraus. Er, der sich im Gericht immer um »cooles« Auftreten bemüht, hat plötzlich Tränen in den Augen. Einer der Beamten habe sein Gesicht ganz nah an seins gehalten und immer wieder gedroht: »Du bist tot, Junge, tot, tot, tot«. Ein anderer sagte: »Wenn wir dich laufen lassen, ziehen wir dich zwei Tage später von Türken todgeprügelt aus der Gosse.« und »Sag besser die Wahrheit, sonst machen wir dich zum Haupttäter. Dann kriegst du 20 Jahre Knast«. Außerdem: »Wir stecken dich zu den schwulen Türken in die Zelle«. Das alles habe ihm Angst eingejagt, eine Angst, wie er sie nie zuvor gehabt habe, erklärte Christian B.

Damals wie heute sagt er, daß er mit dem Anschlag nichts zu tun habe: »Ich hoffe, daß jetzt die Wahrheit rauskommt.«

Seine Mutter hatte zuvor ausgesagt, daß ihr Sohn über den Brand völlig entsetzt gewesen sei.

Ein Beamter des Bundeskriminalamtes hat eingeräumt, daß einer der mutmaßlichen Brandstifter von Solingen von Ermittlungsbeamten massiv unter Druck gesetzt wurde. Der 37jährige Kriminalhauptkommissar sagte im Zeugenstand, daß »derartige Äußerungen« tatsächlich gefallen seien. Dies habe ihm »ein Kollege« ausdrücklich bestätigt.

Quelle: »Abendzeitung«, 19.05.1994, »HNA.« 19.05.1994, »Süddeutsche Zeitung«, 09.06.1994

1993/1994 - 60 Überfälle - zumeist Brandanschläge - auf türkische Einrichtungen gehen auf das Konto der PKK

Der Verfassungsschutzbericht des Innenministeriums 1993 gibt bekannt:

»Ein großer Teil der von ausländischen Extremisten verübten Gewalttaten ist kurdischen und türkischen linksextremistischen Gruppen zuzurechnen. So wurde die weitaus überwiegende Zahl der Brandanschläge und Sachbeschädigungen mit erheblicher Gewaltanwendung von mutmaßlichen Anhängern der 'Arbeiterpartei Kurdistans' (PKK) verübt ...

Im Zuge der ersten gewaltsamen Protestwelle am 24. Juni besetzten Anhänger der PKK das türkische Generalkonsulat in München und nahmen 20 Menschen als Geiseln. Während der zweiten Aktionswelle am 4. November kam es zu annähernd **60 Überfällen - zumeist Brandanschlägen - auf türkische Einrichtungen in Deutschland,** die erhebliche Sachschäden verursachten und in Wiesbaden ein Todesopfer forderten.«

In »die tageszeitung« vom 5. November 1993 ist zu lesen:

»Europaweit waren gestern staatliche und private türkische Einrichtungen das Ziel von Anschlägen offenbar kurdischer Attentäter ... In Wiesbaden kam bei Brandanschlägen auf eine türkische Gaststätte und ein Ladengeschäft ein Mann ums Leben, acht Menschen wurden verletzt. In München, Frankfurt/Main, Münster, Hannover, Bremen, Köln, Stuttgart, Berlin, Düsseldorf, Königswinter, Karlsruhe, Bonn und anderswo wurden türkische Banken, Reiseagenturen, Fluggesellschaften, Kultureinrichtungen und Geschäfte verwüstet und in Hannover auch das Generalkonsulat angegriffen ...

Nach Polizeiangaben wurden in Wiesbaden gegen 11.30 Uhr Brandsätze in ein türkisches Reisebüro und eine Gaststätte in der Hellmundstraße im Herzen des Multikulti-Viertels geworfen. Bei dem Anschlag auf die türkische Gaststätte kam ein Mann vermutlich türkischer Nationalität in den Flammen um. Acht weitere Menschen, die sich in dem Lokal aufhielten, wurden verletzt, darunter auch ein Kleinkind ...

Zu einer Festnahme kam es auch in Hannover, nachdem ein Molotowcocktail früher als geplant explodierte und der Attentäter dabei schwer verletzt wurde. Nach Polizeiangaben soll es sich um einen Kurden handeln. In Königswinter bei Bonn drangen drei Männer in einen türkischen Andenkenladen ein und warfen einen Molotowcocktail. In Bonn wurde das Büro der Turkish Airlines überfallen, wobei eine Angestellte einen Schock erlitt.

Ganze Serien von Anschlägen gab es in Frankfurt/Main, Hannover und Berlin. So wurden in Frankfurt in Minutenabständen Brandsätze in zwei Banken und in die Geschäftsräume der Turkish Airlines geworfen. Auch in Frankfurt soll es, so die Polizei, zur Festnahme von zwei Kurden gekommen sein. Ein versuchter Brandanschlag auf das Verlagshaus der türkischen Zeitung Hürryet wurde aus Neu-Isenburg bei Frankfurt gemeldet. In Berlin wurde unter anderem ein türkischer Radiosender angegriffen.«

Es wird wohl unklar bleiben, wieviele Resultate kurdisch-türkischer Auseinandersetzungen noch heute »Rechtsradikalen« angelastet werden, nur weil die Ermittlungen nichts ergeben haben und die Hysterie der Medien sofort wieder »fremdenfeindliche Rechtsradikale« als Täter abgestempelt hat.

PKK und PDS/Linke Liste

Wenn ein Volk oder eine Volksgruppe unterdrückt wird, so ist es bestimmt recht, wenn diese dagegen aufsteht. Seien es die Slowenen im Ex-Jugoslawien, die Südtiroler in Nord-Italien oder die Kurden in der Türkei. Bei letzteren stellt sich die Frage, inwieweit der Unterdrückte (Kurden) gegen den Aggressor (Türkei) - der bereits Gewalt anwendet - nach menschlichen Erwägungen Gewalt anwenden darf, um seine Freiheit zu erlangen. Eine andere Frage hingegen ist leicht zu beantworten, nämlich die nach dem Recht der Kurden (PKK), diesen Freiheitskampf in Deutschland z. B. mit Sprengstoffanschlägen zu betreiben. Ein solches Unterfangen ist illegal, menschenverachtend und dem der Anschläge auf Asylantenheime etc., die nicht diesen Hintergrund haben, gleichzusetzen.

Eine politische Partei in Deutschland wird dann unglaubwürdig, wenn sie einerseits vorgibt, die Gewalt gegen Ausländer massiv zu bekämpfen, andererseits aber mit Organisationen zusammenarbeitet, die selbst türkische Einrichtungen mit Anschlägen überhäuft.

Besonders interessant ist dabei die Überlegung, die PDS/LL Kontakte zu der bereits verbotenen terroristischen PKK gehalten haben könnte und vielleicht auch noch hält.

In einer »dpa-Faxmessage«, die uns am 30.11.1994 übermittelt wurde heißt es:

»Das umstrittene Deutsch-Kurdische Kulturfestival am 24. September in Hannover wird verboten. Recherchen der Genehmigungsbehörden ergaben, daß die in Deutschland verbotene kurdische Arbeiterpartei PKK sowie ihre Teil- oder Nachfolgeorganisationen das Festival steuerten. Damit begründete die Polizei am Donnerstag das Verbot. Es richte sich nicht gegen die in Deutschland lebenden Kurden, betonten die Behörden. Bis Ende des Monats habe der Veranstalter Gelegenheit zu einer Stellungnahme. Die PDS/Linke Liste trete nur formal als Anmelder der Veranstalter auf. Wesentliche Vorbereitungen für das Fest leisteten nach Erkenntnissen der Polizei Funktionäre der PKK.«

»Verbunden ist die PDS der verbotenen Kurdenpartei auch über die Gesellschaften für Nachrichtenerfassung und Nachrichtenverbreitung mbH (GNN), die dem Bund Westdeutscher Kommunisten (BWK) nahesteht und unter anderem den sogenannten 'Kurdistan-Brief' verlegt. Der BWK wiederum ist über mehrere Arbeitsgemeinschaften mit der PDS verknüpft.«

Weiter heißt es:

»Die Polizeidirektion Hannover hat das Verbot des für den 24. September geplanten 'Deutsch-Kurdischen Kulturfestivals 1994' bekräftigt. Eine entsprechende Verfügung sei der PDS/Linke Liste in Hannover als Anmelder der Veranstaltung zugestellt worden, teilte die Pressestelle am Donnerstag mit. Diese Partei trete 'nur formal als Anmelder auf'. Im Braunschweiger Vorbereitungsbüro für das Festival seien jedoch Anhänger oder Funktionäre der verbotenen Kurdischen Arbeiterpartei PKK beziehungsweise ihrer Nachfolge- und Ersatzorganisationen mit der Planung beschäftigt.«

Das Verwaltungsgericht hat das Verbot der Polizei für die von der PDS angemeldete Veranstaltung bestätigt.

Auch der »Focus« gibt Aufschluß: »Eine Schlüsselrolle in den Beziehungen zwischen der SED-Nachfolgepartei und der PKK spielt, so der Kommunismusforscher Moreau, die PDS-Bundestagsabgeordnete Ulla Jelpke.«

Die Stasi war für viele Umtriebe, die den Neonazis zugeschoben wurden, verantwortlich. Sie gehörte zum SED-Staat, wie der Baum zum Wald. Die SED-Nachfolgepartei PDS verdankt ihre Wahlerfolge nicht zuletzt dem Phantom des Rechtsterrorismus. Hat die Terrorgruppe PKK Hilfestellung geleistet beim Aufbau des Phantoms Rechtsterrorismus?

Quelle: »Focus«, Nr. 35/1994, »dpa-Faxmessage« vom 30.11.1994

Die Wiederkehr der Ewig-Gestrigen -

Mit dem Terror auf du und du

Daß sich die PDS - ihr Vorsitzender Lothar Bisky ist Altgenosse der SED und war früher Rektor der roten Kaderschmiede aller Filmschaffenden der DDR - und verschiedene ihrer Parteigliederungen vor Verbindungen mit linksextremistischen Gruppen nicht scheuen, ist bekannt. Daß sie auch Gewalt als Mittel der politischen Auseinandersetzung nicht ausschließen, ist wohl weniger bekannt.

So hat ein Brandenburger Landtagspolitiker der PDS nach einer Meldung des »WDR« Gewaltaktionen gegen das System der BR Deutschland befürwortet. Dabei habe der 52jährige Christian Gehlsen auch Gewalt gegen Menschen nicht ausgeschlossen. Gehlsen habe auch Sympathien für die terroristische RAF gezeigt. »Ich könnte mir vorstellen, wenn ich in der Bundesrepublik aufgewachsen wäre, daß ich bei der RAF dabeigewesen wäre«, wurde der Politiker zitiert.

Zur Frage nach der Anwendung von Gewalt zog die 22jährige Angela Marquardt im Anschluß an einen von ihrer AG veranstalteten »Widerstandskongreß« im Mai 1994 in Strausberg das Fazit: »Widerstand heute braucht gleichberechtigt nebeneinanderstehende Aktionsformen, die nicht losgelöst von den gesellschaftlichen Bedingungen existieren. Durch die Gewalt der Verhältnisse sind gewaltsame Konfrontationen mit dem staatlichen Gewaltmonopol vorprogrammiert. Jedoch darf sich die Militanz nicht verselbständigen oder als einziges Mittel des Widerstandes angesehen werden ...«

»Eine Schlüsselrolle in den Beziehungen zwischen der SED-Nachfolgepartei und der PKK spielt, so der Kommunismusforscher Moreau, die PDS-Bundestagsabgeordnete Ulla Jelpke.« Die Studentin der Soziologie und Volkswirtschaft gehörte zunächst dem Ende der 70er Jahre aufgelösten Kommunistischen Bund an. Zusammen mit anderen Ex-KB-Mitgliedern, wie der Bundestagsabgeordneten und Gysi-Lebensgefährtin Andrea Lederer, zählt sie zu den engsten Beratern der Parteispitze.

»Außerdem agiert Ulla Jelpke als 'Scharnier' zwischen der Partei und dem Umfeld der Roten-Armee-Fraktion«, betont Moreau. Im April 1994 fand sich in dem kommunistischen und der RAF-Szene zugerechneten Blatt »Geheim« ein Mittelteil, in dem seitenweise aus dem Protokoll der vertraulichen (!) Sitzung des Rechts- und Innenausschusses des Deutschen Bundestages zu dem Fall Wolfgang Grams (dem toten RAF-Terroristen) zitiert wird. Pikanterweise gehört Ulla Jelpke trotz ihrer eindeutigen Vita eben diesem besonders sicherheitsempfindlichen Innenausschuß an.

In der Zeitschrift »Angehörigen-Info«, dem Blatt der »Angehörigen, Freunde und Freundinnen politischer Gefangener der Bundesrepublik Deutschland« - dem Zentralorgan der RAF-Sympathisanten - wurde für eine Veranstaltung am 24. März 1994 in Frankfurt (Main) geworben, in der Ulla Jelpke ebenfalls ausführlich berichtete, wie man im Innenausschuß des Bundestages den Fall »Bad Kleinen« behandelte.

Die Abgeordnete Ulla Jelpke ist in der Tat ein bemerkenswertes Mitglied des Deutschen Bundestages und seines Innenausschusses - und die PDS offensichtlich ein warmes Nest für Terroristenfreunde. Aber schließlich hatte auch schon die SED den RAF-Terroristen Unterschlupf gewährt.

Aber auch die anderen Verbindungen zur RAF-Unterstützerszene sind nicht unbekannt: So z. B. der Wechsel des RAF-Anwalts, einem ehemaligen Inoffiziellen Mitarbeiter der Stasi (welche in den 60er Jahren die neonazistischen Umtriebe inszenierte) und verurteilten RAF-Unterstützers Klaus Croissant zur PDS. Personelle Verflechtungen gibt es aber auch andere: In Köln z. B. kandidierte die Verteidigerin der Top-Terroristen Christian Klar und Rolf Clemens Wagner, Heike Krause, als Parteilose auf einer PDS-Liste für den Bundestag.

Angesichts der Billigung der bewaffneten Gewalt durch Teile der PDS ist daran zu erinnern, daß das Ministerium für Staatssicherheit der ehemaligen DDR terroristische Strukturen nicht nur ausgerüstet und finanziert, sondern auch beschützt hat.

Einige PDS-Freunde dürften von Ihrer Stasi-Zeit her nicht verlernt haben, wie »Rechtsextremismus« geschaffen wird, dort wo er fehlt. Die Verbindungen zu dem Umfeld von Terrororganisationen stimmen nachdenklich, ebenso wie die Tatsache, daß die ersten großen Krawalle gegen Ausländer auf dem Gebiet der ehemaligen DDR stattfanden (Hoyerswerda, Rostock).

Bekannt ist auch, daß sogenannte Neonazis noch vor der Wende zu den Aktivisten des DDR-Jugendverbandes FDJ gehörten.

Quellen: »Focus«, Nr. 35/1994, »Westdeutsche Allgemeine Zeitung«, 01.10.1994, »Transparenz der Medien«, Oktober 1994

Betrugsversuch?

»Die Stoßrichtung der 'Aufklärungsarbeit' des AfNS sollte sich gegen angebliche Neonazis richten, wobei die Grenze zu den demokratischen Oppositionsbewegungen selbst in dem internen Dokument bewußt verschwimmt. In dem unnachahmlichen Stasi-Deutsch heißt es in der erwähnten Dresdener Lageeinschätzung: 'Perspektivisch zu betrachten sind Tendenzen des Neofaschismus und Antisemitismus, sowohl in Schmierereien, aber auch in Beschädigungen von Denkmalen, Gräbern und analogen Objekten ...'

Der angebliche Antifaschismus war die letzte Verteidigungslinie des untergehenden Systems. Ihr sollte auch eine Art Verfassungsschutz dienen, was aber nur funktionieren konnte, wenn Denkmalschänder eifrig ihr Werk taten. Wie auf Befehl wurden dann auch einige Wochen lang sowjetische Ehrenmale und jüdische Gräber mit Hakenkreuzen und faschistischen Parolen beschmiert.«

(aus: Die Ohnmacht der Allmächtigen,Ch. Links Verlag, 1992)

Im Dezember 1989 beschmierten Unbekannte das sowjetische Ehrenmal im (Ost-)Berliner Bezirk Treptow, wo 5.000 Soldaten begraben sind, die im Kampf um Berlin fielen. Volkspolizisten hätten an dem Ehrenmal Inschriften wie »Besatzer raus«, »Volksgemeinschaft statt Klassenkampf« und »Nationalismus für ein Europa freier Völker« entdeckt.

Die DDR-Regierung wußte sofort von Tätern zu berichten: »Die Täter, die in der Nacht zum Donnerstag aufgrund dichten Nebels entkommen konnten, haben sich mit dieser ungeheuerlichen Schandtat als gefährliche rechtsextremistische **Elemente entlarvt.»**

Der Vizepräsident der »Deutsch-Sowjetischen Freundschaft« (DDR) rief zur Teilnahme an der »**Kampfdemonstration**« am 3. Januar auf.

Bis zum Exzeß wurde dieser Vorfall ausgeschlachtet. Schließlich ging es ja darum, den maroden und abgewirtschafteten DDR-Unrechtsstaat zu retten.

»Wehret den Anfängen«, »Nie wieder Rassen- und Völkerhaß«, »Brecht: Der Schoß ist fruchtbar noch«, »Für Massenmobilisierung der Werktätigen, um die Nazis zu stoppen!«, »ungeheuerliches Verbrechen, das auf das strengste bestraft werden müsse«, »ein Alarm für alle Antifaschisten«.

Auch die Ermittlungen liefen natürlich in die richtige Richtung und nach »weiträumigem« Absuchen des Ereignisortes wurden endlich Plakate mit der für DDR-Verhältnisse schrecklichen, ja nur allzu niederschmetternden Losung »Fremde Truppen raus aus Deutschland« gefunden. Erneut ein Grund dafür, die »Täter in enger Verbindung zu nationalistischen und antisowjetischen **Elementen**« zu wissen.

250.000 Demonstranten hatte die SED auf die Straße gebracht. Ihr Parteivorsitzende Gregor Gysi rief nach starken Ordnungskräften (hoffentlich war das nicht der Ruf nach der Stasi, der für viele Politiker der DDR nichts ungewöhnliches war). Eine Frage bleibt bis heute offen: Wer waren die wirklichen Täter? Anfragen an ADN, Staatsanwaltschaft und Polizei blieben ergebnislos.

Die SED/PDS jedenfalls hat den Antifaschismus als wirksame politische Waffe wiederentdeckt und erntet gerade die Früchte.

(Quellen: »Frankfurter Allgemeine«, 29.12.1989, 30.12.1989 und 05.01.1990, »ADN«, 28.12.1989, 29.12.1989, 01.01.1990 und 03.01.1990

Rent a Neonazi

München, Hamburg, Hannover, Berlin - wo immer die Menschen in Deutschland auf die Straße gingen, um ihr Lichtlein gegen Gewalt in die Abenddämmerung zu halten, standen die Medien in der ersten Reihe. Kommt da plötzlich ein schlechtes Gewissen zum Vorschein?

Der Streit darüber, wo die Grenze zwischen Information und Manipulation durch die Medien verläuft, ist ungefähr so alt wie das Zeitungswesen. Elektronische Möglichkeiten haben diese Auseinandersetzung noch verschärft.

Nach Rostock ist diese Debatte neu entzündet. Gegen ein ZDF-Team liefen Ermittlungen wegen des Verdachts, die Fernsehjournalisten hätten Jugendliche zum Hitler-Gruß motiviert und junge Mädchen ausländerfeindliche Parolen schreien lassen. Diese martialischen Szenen seien mit Geld erkauft worden.

Greifswald. Sind einige Überfälle auf Asylantenheime in Greifswald inszeniert? Nach Informationen der »Kieler Nachrichten« überfielen am Abend des 7. November 1991 Vermummte (!) ein Asylantenheim in Greifswald. Mit Gasflaschen und Molotowcocktails bombardierten sie das Haus. Doch genauso schnell wie sie gekommen waren, machten sie sich wieder aus dem Staub. Als drei Minuten später die Polizei zur Stelle war, traf sie nur noch das Fernsehteam eines großen Privatsenders an. Das hatte bereits alles gefilmt. Auch der »Stern« fand ähnliches heraus: Beim Überfall Berliner Hooligans Anfang November 1991 auf das Greifswalder Asylantenheim, in dem rund 70 Asylbewerber aus Neumünster untergebracht waren, scheinen Fernsehteams mit ihren Aufnahmen manipuliert zu haben. Die schlagkräftige Auseinandersetzung entpuppte sich nach Recherchen des Magazins als keineswegs dramatisch.

Der »Stern« fand heraus, daß die Fernsehaufnahmen von Schlägereien zwischen den Hooligans und der Polizei, die angeblich vor der Tür des Heimes stattgefunden hätten, im Fußballstadion gedreht wurden. Medienwirksam gefilmte faustgroße Pflastersteine wurden nicht von den Hooligans geworfen, sondern seien von den Asylbewerbern selbst herangeschafft worden. Schon vor dem Angriff der Berliner Hooligans seien Leute der Unterstützergruppen aus Schleswig-Holstein in dem Heim gewesen. Einige der Asylbewerber hätten bereits auf gepackten Koffern gesessen.

»Macht doch bitte für unsere Kamera den Hitlergruß! Grölt eure nationalen Haßgesänge!« - Es soll ausländische Fernsehjournalisten geben, die jugendlichen Skinheads harte Dollars dafür hingeblättert haben, nur um ihren Zuschauern mit gestellten Szenen »beweisen« zu können, wie die braune Flut in Deutschland wieder hochsteigt, weiß Oskar Fehrenbach in »Samstag Aktuell« zu berichten und kommt zu der Feststellung: »Die Freiheit der Medien ist absolut. Also auch die Freiheit zum Mißbrauch von Medienmacht«.

Auch die »Nordwest Zeitung«, Oldenburg, berichtet: »Um dem Publikum 'starkes Bildmaterial mit Randale' und 'Knüppeldicke Sprüche' bieten zu können, haben Fernsehjournalisten Rechtsextremisten dazu animiert, vor laufenden Kameras Häuserkämpfe vorzuspielen, den Hitlergruß zu entrichten und extremistische Parolen zu rufen - und das auch noch gegen Bezahlung.

Beiträge zwischen fünfzig und mehreren tausend DM sollen in den einzelnen Fällen zwischen den Jahren 1989 und 1992 von unterschiedlichen Sendern gezahlt worden sein ...« Beschuldigt wurden die Sender »RTL« , »RIAS TV«, Hessischer Rundfunk und der japanische Fernseh-Sender »TBS«.

In dem Magazin »Trans-Media«, Ausgabe 7/1989 wird folgender Fall beschrieben: »Eine Expertenrunde im WDR. Das Thema: 'Rechtsradikale'. Bevor Moderator Ivo Frenzel die Live-Diskussion eröffnet, wird ein Dokumentarfilm eingespielt. So heißt er wenigstens. Sein Titel: 'Neonazis in Berlin'. Einem der Experten, dem schweizer Wissenschaftler und Publizisten Dr. Armin Mohler, kommen die darin agierenden beiden Halbstarken ein wenig zu martialisch vor. Auf gut Glück pflaumt er, noch während der Streifen im Studio und über die Bildschirme flimmert, den neben ihm sitzenden Autor des Filmes an: 'Wieviel habt Ihr denn diesen beiden Deppen fürs Nazi-Spielen gezahlt?' Der Angesprochene grinst und antwortet Mohler, den er offensichtlich für einen 'vom Haus' hält: '165 Mark'. Der Film ist zu Ende, der Live-Teil der Sendung beginnt. Und Mohler packt sofort aus, was er gerade gehört hat: Daß ein öffentlich-rechtlicher Sender zwei jungen Berlinern für das Mimen von Rechtsradikalen 165 DM gezahlt hat. Der Autor ist baff und wird rot, kann sich nicht einmal zu einem schwachen Dementi durchringen, sondern stöhnt lediglich hervor: 'Ja, aber 165 für beide zusammen ...'.«

Auch die »FAZ« berichtet am 28. September 1990: »Am 3. Oktober fernsehgerechte Krawalle auf Bestellung? Bei den Feiern zur deutschen Einheit liegen den Sicherheitsbehörden Hinweise vor, daß Fernsehteams aus aller Welt gegen Bezahlung Tips aus der Chaotenszene erhielten, um extremistische Aktionen filmen zu können. Der 'Preis' für einen 'fernsehgerechten Auftritt' rechter Extremisten mit Singen des Horst-Wessel-Liedes und Hitler-Gruß beispielsweise betrage 2000 Mark.«

Der ARD-Moderator Harald Schmidt: »Ich gehe davon aus, daß in unserer Branche fast nur gelogen wird.«

Szenenwechsel:

Im keinen Verhältnis stehen die Nachkriegsverbrechen der »Neonaziszene« zu denen der SED. Während alles »Rechte« von den Medien auf das Äußerste bekämpft wird, hofierten sie die PDS geradezu in den Bundestag. Mit kaltschnäuziger Selbstverständlichkeit gab der PDS-Vorsitzende Bisky in den Tagesthemen zu, daß 90 % der PDS-Genossen alte Kader der SED sind. Jedoch gab es keinen Aufschrei in den Medien.

Die parteipolitischen Erben des verbrecherischen SED-Regimes sind im Deutschland längst salonfähig geworden. Sie füllen mit ihren Statements und Interviews die Spalten der Tageszeitungen, die großen Magazine berichten umfangreich und in Farbe über die Wahlkämpfe - so auch die rührende »Homestory« über die Groß-Familie Gysi im Magazin »Tango«.

Die Fernsehsender werden nicht müde, den Repräsentanten der

linksradikalen SED-Nachfolgepartei ein öffentliches Forum zu schaffen. Behutsam werden Stasi-Vorwürfe gegen Spitzengenossen hinterfragt und diskutiert. Kamerateams aller Sender dokumentieren die Mühsale des PDS-Stimmenfangs in Ost und West. Und der rhetorische Spitzenstar der PDS mit hohem Unterhaltungswert, Gregor Gysi, tingelt durch die Talkshows der öffentlich-rechtlichen und privaten Sender.

Zum üblichen Arbeitstreffen der ARD-Chefredakteure am 27. September 1994 in Potsdam wurde wie selbstverständlich die Berliner PDS-Spitzenkandidatin Christa Luft, letzte Wirtschaftsministerin der DDR, eingeladen.

Auf die zurückhaltende Kritik einiger ARD-Chefredakteure, warum man sich die politischen Zeitläufe in der BR Deutschland ausgerechnet von einer überzeugten Kommunistin erläutern lassen müsse, erklärte ORB-Intendant Hansjürgen Rosenbauer, daß man mit der PDS leben müsse, bereits ein Drittel seiner Rundfunkratsmitglieder in Potsdam gehöre der Partei an. Noch Fragen?

Übrigens:

- »Der Politik-Chef des Kölner Deutschlandfunks ist unter Spionageverdacht festgenommen worden. Wie der Sender am Donnerstag in Köln mitteilte, soll Gerhard Fleischle über 30 Jahre lang Informationen an die Stasi geliefert haben ...«

- »Wegen des Verdachts geheimdienstlicher Agententätigkeit für die Stasi ist ein 70jähriger Journalist aus Passau verhaftet worden. Wie die Bundesanwaltschaft gestern mitteilte, wird er beschuldigt, der Stasi Mitte der 60er Jahre aus finanziellen Beweggründen seine Mitarbeit angeboten zu haben.«

- »Der Spionage-Prozeß gegen den westdeutschen Journalisten Horst-Günter Wyremba vor dem Oberlandesgericht Celle ist gestern schon wenige Minuten nach der Eröffnung der Verhandlung wieder ausgesetzt worden. Wie ein Gerichtssprecher mitteilte, hat sich der 53jährige Angeklagte vermutlich nach Dänemark abgesetzt ... Wyremba, der von Oktober 1966 bis Februar 1988 für das DDR-Staatssicherheitsministerium spioniert haben soll, habe seine Flucht offenbar gut geplant ...«

- »Die Berliner Staatsanwaltschaft hat gegen den Journalisten Gerd Fischer Anklage wegen Spionage für die DDR erhoben.«

Quellen: »Kieler Nachrichten«, 20.11.1991, »Samstag Aktuell«, 06.12.1992, »Nordwest Zeitung« Oldenburg, 28.11.1992, »Transparenz der Medien«, Januar/Februar 1994 und Oktober 1994, »die tageszeitung«, 21.01.1994, 25.03.1994, 17.05.1994 und 14.06.1994, »Trans-Media« Nr. 7/1989, »Frankfurter Allgemeine«, 28.09.1990

Chronik

Das vorangestellte Datum dient nur zur Orientierung. Es kann sowohl der Tag des Geschehens, als auch der Tag der Veröffentlichung sein.

20.07.1954 - Dr. Otto John, vom Widerständler gegen Hitler zum Präsident des Bundesamtes für Verfassungsschutz berufen und somit maßgeblich an dem Kampf gegen »Rechtsextremismus« beteiligt, setzt sich in die DDR ab.

Quelle: Janusz Piekalkiewicz, »Weltgeschichte der Spionage«

13.01.1960 - Weil er im (West-)Berliner Bezirk Neukölln ein Plakat mit einem Hakenkreuz, einem Davidstern und einer Abbildung Bundeskanzler Adenauers an eine Hauswand angebracht hatte, wurde der 20jährige Student der Ost-Berliner Humboldt-Universität am Montagabend festgenommen. Wie die Polizei mitteilte, wohnt der Jugendliche im (WestBerliner Stadtteil Britz. Mit einem ähnlichen Plakat wurde ebenfalls der 20jährige Arbeiter Kuhr im Bezirk Wedding festgenommen.

Der Student hat bei der polizeilichen Vernehmung zugegeben, das Plakat im Auftrage der »Freien Deutschen Jugend« der DDR angebracht zu haben.

Derartige Plakate wurden nach Mitteilung der (West-)Berliner Polizei in den Bezirken Wedding, Neukölln, Charlottenburg und Schöneberg gefunden. Die Polizei vermutet, daß sie zum Teil aus (Ost-)Berlin stammen.

Quelle: »Die Welt«, 13.01.1960

16.01.1960 - Ein Sprecher des (West-)Berliner Justizsenators teilte am Freitag mit, daß sich unter den zur Zeit in Berlin wegen neonazistischer und antisemitischer Umtriebe in Untersuchungshaft befindlichen Personen eine als ein Agent des Ministeriums für Staatssicherheit (DDR) befindet.

Quellen: »RW« + »GAZ«, 16.01.1960

31.01.1960 - In Livorno erhielt der jüdische Geschäftsmann Guido Navelli einen Brief mit Drohungen und Beleidigungen. Der anonyme Brief, »ganz im Stile der Nazis«, trug am Rande ein Hakenkreuz und die Aufschrift: die »Juden« sollten »raus!« Die Polizei nahm die Angelegenheit in die Hand und konnte bald den wilden, kriminellen Faschisten ermitteln. Er heißt Roberto Bacci di Otello, ist 19 Jahre, unverheiratet, Angestellter einer Bar und eingeschriebenes Mitglied der örtlichen Jugendorganisation der Kommunistischen Partei mit der Mitgliedsnummer 200295/59. Genosse Bacci hat auch seine Tat eingestanden.

Quelle: »Milano Candido«, 31.1.1960

01.02.1960 - Schändung eines jüdischen Friedhofs im Kreis Friesland. Während der Gerichtsverhandlung in Wilhelmshaven wurde ein Brief aus der DDR zitiert, wonach der sowjetzonale Rundfunk schon einige Tage vor der Tat die Schändung des Friedhofes gemeldet haben soll.

Quelle: »Die Welt«, 01.02.1960

17.03.1961 - Der jüdische Friedhof in Würzburg ist in der vergangenen Woche geschändet worden. Es wurden acht Grabsteine umgestürzt und erheblich beschädigt. Als Täter kommen sehr wahrscheinlich zwei Männer in Frage, die in einer nahegelegenen Gaststätte gezecht hatten. Einer von ihnen ist nach Angaben der Polizei ein Angehöriger der US-Armee, der in Frankfurt (Main) habe ermittelt werden können. Der Würzburger Oberbürgermeister Dr. Zimmerer hat der »Jüdischen Allgemeinen« im Namen der Stadt sein Bedauern über den Vorfall ausgedrückt und betont, daß die Stadt die Kosten für die Wiederherstellung der geschändeten Grabsteine übernehmen werde.

Quelle: »Jüdische Allgemeine«, 17.03.1961

Februar 1981 - Nicht gegen Angehörige einer rechtsextremen Partei, sondern gegen Mitglieder der CDU Jugendorganisation »Jungen Union« ermittelte das hessische Landeskriminalamt. Es soll üblich gewesen sein, daß JU-Mitglieder die Hand zum Hitler-Gruß erhoben und politische Gegner mit antisemitischen Parolen beschimpft haben, wie beispielsweise: »Halt's Maul, sonst schikken wir dich in den Ofen«. Im März des gleichen Jahres sind in der CDU-nahen Schüler-Unions-Zeitschrift »Kaktus« antisemitische Glossen aufgefallen.

Quelle: »Die verkannte Gefahr«, Rowohlt Taschenbuch Verlag, Ausgabe Juli 1981

25.04.1989 - Wie in dem »Hamburger Abendblatt« zu lesen ist, hat ein 22 Jahre alter türkischer Kaufmann gestanden, das Feuer in seinem türkischen Obst- und Gemüseladen selbst gelegt zu haben, um die Versicherungsprämie zu kassieren.

Quelle: »Hamburger Abendblatt«, 25.04.1989

02.01.1992 - Das »Coburger Tageblatt« meldet, daß der Polizei zwei schwere Brandanschläge auf ein Asylantenheim gemeldet wurden. Dabei entstand jedoch nur leichter Sachschaden. Wie sich später herausstellte, hatten die Asylanten selber den Brand gelegt.

Quelle: »Coburger Tageblatt«, 02.01.1992

22.04.1992 - »Die Welt« berichtet, daß bei einem Brandanschlag auf ein Asylantenhaus in Horneburg ein Schaden von rund 100.000 DM entstand. Als mutmaßlichen Brandstifter nahm die Polizei noch in der Nacht einen 20jährigen libanesischen Asylanten fest. Den Brand hatte er selbst gelegt, weil er mit dem Umzug aus einem Komfort-Bungalow in das nur halb so große Siedlungshaus nicht einverstanden war.

Quelle: »Die Welt«, 22.04.1992

31.07.1992 - Auch der Brand, der in einem Wirtschaftsgebäude der Asylbewerberunterkunft in Woltersdorf wütete, wurde höchstwahrscheinlich - so die »Elbe-Jeetzel-Zeitung« - von Asylbewerbern selbst gelegt, denen die Verlegung in andere Standorte zu lange dauerte.

Quelle: »Elbe-Jeetzel-Zeitung«, 31.07.1992

08.09.1992 - »die tageszeitung« (taz) gab bekannt, daß ein Türke versucht hat, ein Ausländerwohnheim in Essen-Schönebeck anzuzünden. Er konnte vor der Tat festgenommen werden.

Quelle: »die tageszeitung« (taz), 08.09.1992

28.10.1992 - »... Ähnlich der Fall der antisemitischen Schmiererei in Buchloe, bei dem mit hellseherischer Fähigkeit 'Rechtsradikale' als Täter ausgemacht werden konnten. Zunächst allgemeine, höchste Erregung, die von betretenem Schweigen abgelöst wurde. Der Täter war gefaßt und geständig - ein linksextremer Aktivist, der ansonsten für antifaschistische Demos auf dem Pfad ist ...«

Quelle: »Frankfurter Allgemeine«, 28.10.1992

02.11.1992 - »Im Homburger Jugendzentrum fand am Sonntagfrüh gegen 3.25 Uhr eine größere Schlägerei zwischen Besuchern des JUZs und Rechtsradikalen statt. Nach Angaben der Besucher und den bisherigen Ermittlungen der Polizei hatten zunächst drei Personen im JUZ Streitigkeiten begonnen. Als diese dann aus dem Jugendzentrum ausgewiesen wurden, drohten sie, mit verstärkten Kräften zurückzukommen. Unmittelbar danach sind sie tatsächlich mit Verstärkung - 10 bis 15 Personen - wieder aufgetaucht und in das Jugendzentrum eingedrungen. Mit Latten und Baseballschlägern schlugen sie auf die Besucher ein. Die Täter konnten jedoch flüchten, bevor die Polizei den Vorfall bemerkte. Bei den Tätern handelt es sich jedoch nicht um Skinheads, wie die Kripo zunächst vermutete, sondern überwiegend um ausländische Staatsbürger.«

Quelle: »Homburger Rundschau«, 02.11.1992

09.11.1992 - Kornwestheim. »Nicht etwa glatzentragende Skinheads oder militante Neonazis hat die Polizei jetzt als Urheber rechtsradikaler Farbschmiereien und verschiedener Diebstähle in der Uhlandschule ermittelt, sondern eine achtköpfige Gruppe jugendlicher Ausländer. Nachdem ein 13jähriger Jugoslawe vor Wochen auf der Schultoilette den Schlüsselbund eines Lehrers gefunden hatte, stattete er in der Folge gemeinsam mit fünf jungen Türken und zwei Jordaniern der Uhlandschule mehrere nächtliche Besuche ab. Von diesen zeugten dann am nächsten Tag Farbschmierereien wie 'Deutschland den Deutschen', 'S... H...!' und die 'Ausländer' sollten'raus'. Aus den Räumen der Uhlandschule und des benachbarten Ernst-Sigle-Gymnasiums wurden eine Videokamera samt Zubehör, eine Tasche mit mehreren Videokassetten zum Thema Drittes Reich, ein Fernseher samt Videorecorder plus 40 Kassetten sowie mehrere Mikrofone gestohlen und Bücher wie Einrichtungsgegenstände mutwillig beschädigt.«

Quelle: »Stuttgarter Zeitung« 09.11.1992

09.11.1992 - »Acht Gräber von Frankfurter Mitbürgern, die auf dem jüdischen Friedhof in der Römerstadt die letzte Ruhe gefunden hatten, sind in der Nacht zum Sonntag geschändet worden. Das Motiv der Täter ist eindeutig, ihre Personalien sind unbekannt. Die Antisemiten, deren Haß nicht vor dem Tode halt macht, stürzten wahrlos alte Grabmale um und beschädigten sie. Auf antisemitische Schmierereien haben sie verzichtet, vielleicht weil sie sich durch Autoverkehr auf der Straße in der Römerstadt gestört fühlten« so die »RMZ« am 9.11.1992. Noch bevor die Antirassismus-Demonstrationen starteten, kam am folgenden Tag die Aufklärung: Die Grabsteine lagen schon seit Monaten oder gar Jahren flach. Moos- und Grasbewuchs wiesen eindeutig darauf hin. Es ist gut möglich, daß es sich um Sturm- oder Altersschäden handelt.

Quelle: »Frankfurter Allgemeine«, 10.11.1992

19.11.1992 - Die »taz« meldet: »Ultraorthodoxe Juden haben das Grab des früheren israelischen Ministerpräsidenten Menachim Begin auf dem Ölberg in Jerusalem mit schwarzen Hakenkreuzen beschmiert.«

Quelle: »die tageszeitung« (taz), 19.11.1992

28.11.1992 - Bad Salzuflen. Das »Westfalenblatt« gibt bekannt, daß ein angeblich überfallener Türke nicht von Neonazis geschlagen und mit einem Messer verletzt worden ist. Der 49jährige hat ausgesagt, von zehn »Nazis in Springerstiefeln« vor einem Supermarkt angegriffen worden zu sein. Die Polizei geht jedoch davon aus, daß familiäre oder andere Gründe (der Mann bewegte sich im Spielermilieu) für die Tat verantwortlich sind.

Quelle: »Westfalenblatt«, 28.11.1992

11.12.1992 - »Ein 29 Jahre alter Türke hat am Mittwoch abend einen Überfall auf seine Person im Stadtbezirk Weilimdorf vorgetäuscht ... Der angeblich Angegriffene meldete sich am Mittwoch gegen 22.30 Uhr bei der Polizei und gab an, daß ihn vier junge Männer zwei Stunden zuvor an der Stadtbahnhaltestelle 'Salamanderweg' im Weilimdorfer Stadtteil Giebel angesprochen und nach seiner Nationalität befragt hätten. Plötzlich hätten die Täter auf ihn eingeschlagen, ihn beschimpft und ihm dabei die Kleider zerrissen. Einer der Täter habe ein Messer gezogen und ihn an den bloßen Armen und am Oberkörper verletzt. Daß es Tat und Täter gar nicht gab, stellte sich dann am späten Donnerstag nachmittag heraus. Ein Gerichtsmediziner hatte den Anzeigenerstatter untersucht und dabei festgestellt, daß dieser sich die Verletzungen höchstwahrscheinlich selbst zugefügt hatte. Mit diesem Gutachten konfrontiert, gab der 29jährige zu, den Überfall vorgetäuscht zu haben.«

Quelle: »Stuttgarter Zeitung«, 11.12.1992

15.12.1992 - »Der Überfall von Skinheads auf einen 20jährigen dunkelhäutigen Mettmanner am 11. November am Brückchen ist vom 'Opfer' frei erfunden worden. Dies teilte die Kriminalpolizei auf Nachfrage der 'RP' mit. Die Ermittlungsgruppe zur Aufdeckung 'fremdenfeindlicher Straftaten' hatte den 20jährigen vorgeladen, um ihn nach dem Tathergang zu befragen. Dabei gestand er, daß er den Überfall, den Raub der Brieftasche und die Schläge erfunden habe. Er sei vielmehr an diesem Abend betrunken gewesen und hätte sich die Verletzungen durch einen Sturz zugezogen.«

Quelle: »Rheinische Post«, 15.12.1992

16.12.1992 - Bauzen. Der Überfall von zwei Skinheads auf eine 14jährige ist aufgeklärt: Alles vom Opfer erfunden. Sie hatte sich selbst ein Hakenkreuz mit einem Messer in die Wange geschnitten.

Quelle: »Bild«, 16.12.1992

28.12.1992 - »Das Asylantenwohnheim in Möhlau bei Bitterfeld: 150 Rumänen, Roma und Sinti warten in einer ehemaligen Russenkaserne am Südrand des Dörfchens auf ihre Verfahren. Keine Kneipen, kein Kino, keine Spielothek, das frustiert. Statt

Geld gibt's drei Mahlzeiten täglich. Da rasteten die Ausländer aus: 'Kohle her, oder wir zünden unseren Block an.' Seitdem hat's in diesem Monat viermal gebrannt, zuletzt am ersten Weihnachtsfeiertag.«

Quelle: »Bild«, 28.12.1992

30.12.1992 - Ausländische Jugendliche waren an der Grabschändung am 6. Dezember auf dem Werthenbacher Friedhof beteiligt. Wie die »Siegener Zeitung« zuvor berichtete, hatten die Täter einen Grabstein umgeworfen und andere beschmiert - u. a. mit einem Hakenkreuz.

Quelle: »Siegener Zeitung«, 30.12.1992

21.01.1993 - »Der Brandanschlag vom 4. Oktober vergangenen Jahres auf ein Asylbewerberheim in der Murrhardter Fichtestraße ist aufgeklärt. Dies meldeten gestern die Stuttgarter Staatsanwaltschaft und die Waiblinger Polizeidirektion. Als Tatverdächtige ermittelt wurden fünf Männer zwischen 18 und 22 Jahren. Alle stammen aus Murrhardt. Unter ihnen befinden sich auch ein italienischer und ein türkischer Staatsangehöriger, die beide in Deutschland geboren und aufgewachsen sind. Der 22jährige Türke wird als Haupttäter bezeichnet ... Als Motiv gibt der Täter eine Auseinandersetzung an, die er einige Zeit vor dem Anschlag mit Asylbewerbern wegen angeblicher Lärmbelästigung gehabt habe.«

Quelle: »Murrhardter Zeitung«, 21.01.1993

23.01.1993 - Nicht Ausländerfeindlichkeit, wie anfangs von vielen vermutet, sondern Eifersucht war das Motiv für einen Brandanschlag auf die Wohnung von drei Studenten - zwei Deutschen und einer Griechin - in Würzburg. Als Täter ermittelte die Kriminalpolizei Würzburg nach umfangreichen Ermittlungen eine Frau aus dem Landkreis Main-Spessart. Mit ihr hatte einer der Wohnungsinhaber eine Liaison gehabt, ehe er sich der Griechin zuwandte. Die Täterin drang in die Wohnung ein, legte drei Brände und entwendete eine Reihe von Gegenständen. Darunter ein Ausweisdokument der Griechin, welches sie dann mit Naziparolen versehen an die Eigentümerin zurücksandte, um die Ermittlungen auf eine falsche Spur zu führen.

Quelle: »Mainpost«, 23.01.1993

09.02.1993 - »Ein 30 Jahre alter Asylbewerber hat in der Nacht zum Montag in der Gemeinschaftsunterkunft Feuer gelegt und Schaden in Höhe von 50.000 Mark angerichtet. Vorangegangen war eine Auseinandersetzung mit Zimmergenossen. Der Brandstifter wurde beobachtet, wie er kurze Zeit später seine Habseligkeiten hinausschaffte, noch einmal in den Raum zurückkehrte und zehn Minuten später fluchtartig wegrannte. Dabei schrie er laut 'Feuer' ... Bei der Brandstiftung wurde festgestellt, daß der Asylbewerber in seinem Zimmer Kleidung, Schuhe und Decken mit einem Brandbeschleuniger angezündet hatte. Der in Gaza/ Israel geborene Mann, der in der Unterkunft als staatenlos registriert war, wurde um 2.50 Uhr unter dem Verdacht der schweren Brandstiftung festgenommen. Der Homburger Haftrichter erließ gestern Haftbefehl gegen den Mann.«

Quelle: »Rhein-Main-Zeitung«, 09.02.1993

15.03.1993 - »Frei erfunden hat ein 13jähriger Iraner einen ausländerfeindlichen Übergriff. Der Schüler hatte behauptet, in Schierstein von einem Unbekannten mit fremdenfeindlichen Parolen beschimpft und durch einen Schuß mit einem Schreckschußrevolver am Mund verletzt worden zu sein. Die Polizei leitete daraufhin eine umfangreiche Fahndung ein und erhielt mehrere Hinweise, da die Täterbeschreibung auf eine wirklich existierende Person zutraf. Der Polizei kamen jedoch Zweifel an der Version des 13jährigen. Dieser räumte ein, sich selbst die Verletzungen zugefügt zu haben, als er mit dem

Revolver eines Freundes hantierte. Aus Angst vor Strafe habe er den ausländerfeindlichen Überfall erfunden.«

Quelle: »Wiesbadener Kurier«, 15.03.1993

10.04.1993 - »Zu der versuchten Brandstiftung von Sonntag bei der Asylbewerberunterkunft an der Kieselborner Straße hat die Polizei jetzt zwei Tatverdächtige ermittelt. Es handelt sich dabei um albanische Asylbewerber, die mit indischen Asylbewerbern in Streit geraten waren.«

Quelle: »Pforzheimer Zeitung«, 10.04.1993

15.04.1993 - Die am Mittwoch bei einem Wohnungsbrand in Mannheim mit ihren beiden Kleinkindern ums Leben gekommene 29jährige Türkin hat das Feuer selbst gelegt. Das hat die Polizei ermittelt. Wie es hieß, ist die junge Frau depressiv gewesen und hat deswegen mit Heizöl ein Feuer gelegt, bei dem sie, ihr dreijähriger Sohn und ihre fünf Monate alte Tochter den Tod fanden.

Quelle: »Deutsche Presse-Agentur«, 15.04.1993

24.04.1993 - Ein 17jähriger, der nach eigenen Angaben von »Rechtsradikalen« an einen Baum gefesselt worden war, hat gelogen. Wie die Kripo mitteilte, hat der Jugendliche die Geschichte frei erfunden.

»Die Eltern hatten den 17jährigen am Ostermontag als vermißt gemeldet, weil er nach einem Spaziergang mit seinem Hund am Vorabend nicht zurückgekehrt war. Die Besatzung eines Polizeihubschraubers entdeckte den Jungen nach 30minütiger Suche in der Feldmark an einem Baum gefesselt.

Den Beamten erklärte der 17jährige, drei Jugendliche hätten ihn dort zurückgelassen. Anlaß sei seine Weigerung gewesen, die von ihnen geforderten 120 Mark herauszugeben. Er habe 20

Stunden an dem Baum verbracht. Während sich die Kripo mit Angaben zum Fall äußerst zurückhielt, stellte ein bundesweit erscheinendes Boulevard-Blatt den 17jährigen als Opfer »rechten Terrors« dar. Hintermann der Tat sei ein 'stadtbekannter Neonazi'. Doch weder dies, noch die Aussage des Jungen vor der Kripo entsprachen der Wahrheit, wie die Kripo gestern meldete. Denn der ganze Sachverhalt ist erfunden ...

Die 'Rechtsradikalen' soll er als Täter genannt haben, um das Augenmerk der Polizei auf eine bestimmte Gruppe Jugendlicher zu lenken. Diese hätten ihn als Mitglied nicht akzeptiert.«

Quelle: »Hildesheimer Allgemeine Zeitung«, 24.04.1993

06.05.1993 - Die Polizei war sich sicher: Die Brandstifter, die im März den Kinderhort der Gemeinde Glashütte anzündeten, sind »rechtsradikale Kinderhasser«. Jetzt kam heraus: Die Täter sind zwei Jungen aus der Nachbarschaft - beide sieben Jahre alt.

Quelle: »Bild«, 06.05.1993

21.05.1993 - »Zwei Tage nach dem brutalen Überfall auf ein Asylbewerberheim im sauerländischen Sundern, bei dem zwei Albaner schwer verletzt wurden, hat die Polizei am Mittwoch sieben ihrer Landsleute unter dringendem Tatverdacht festgenommen. Die Männer haben in den ersten Vernehmungen ihre Tatbeteiligung eingeräumt.«

Quelle: »die tageszeitung« (taz), 21.05.1993

02.06.1993 - Zwei Feuer in Münchner Häusern an Pfingsten sind nach Ermittlungen der Polizei nicht von »rechtsradikalen Tätern« gelegt worden. In beiden Fällen werde vielmehr eine offenbar psychisch gestörte Frau verdächtigt, die für mehr als 30 Brandanschläge in München verantwortlich sein soll. Ein ausländerfeindlicher Hintergrund war befürchtet worden, da in dem einen

Haus eine Asylantenfamilie wohnt, in dem anderen etwa die Hälfte der 150 Bewohner Ausländer sind.

Quellen: »Neue Zeit«, Berlin, 02.06.1993

07.06.1993 - Am frühen Morgen wurde auf ein von Ausländern bewohntes Haus ein Brandanschlag verübt. Im September wurde der Täter verurteilt: Der 30jährige Araber, Kamal S. aus Syrien ist wegen Sachbeschädigung, Vortäuschung einer Straftat und versuchten Betruges zu einem Jahr Gefängnis verurteilt worden. »Aus Wut über seinen Vermieter« zündete er zwei im Hausflur abgestellte Kinderwagen an und ließ anschließend einen Molotowcocktail explodieren. »Bei der ersten Vernehmung gab Kamal S. an, er habe zwei Männer gesehen, die aus dem Haus gerannt seien. Die Polizei glaubte an einen Brandanschlag von Neonazis. Eine Woche lang ermittelten die 15 Beamten einer Dortmunder Sonderkommission und fünf Mann von der Soester Kripo im rechtsradikalen Milieu, bis der Syrer schließlich gestand, das Feuer selbst gelegt zu haben.«

Quelle: Pressemitteilung der Kreispolizeibehörde Soest vom 07.06.1993, Aktenzeichen Staatsanwaltschaft Arnsberg 12 JS 556/93, telefonische Auskunft des Staatsanwaltes Schulze-Bentrop von der Staatsanwaltschaft Arnsberg.

11.06.1993 - Ein Streit zwischen den Bewohnern zweier Asylantenheime war die Ursache für einen Brandanschlag auf der Insel Dänholm.

Quelle: »Märkische Oderzeitung«, 11.06.1993

13.06.1993 - Bergisch Gladbach. »Das Feuer in einem türkischen Wohnhaus in Bergisch Gladbach am 13. Juni ist nach Angaben der Ermittlungsbehörden von den Bewohnern selbst gelegt worden. Der Oberkreisdirektor sagte am Montag, eine fremdenfeindliche Straftat sei auszuschließen. Bei dem Brand waren zwei Personen verletzt worden. Auch ein Feuer eine Woche zuvor in dem Gebäude sei auf Brandstiftung durch die Bewohner zurückzuführen.«

Quelle: »Frankfurter Allgemeine«, 22.06.1993

16.06.1993 - Waldshut-Tiengen. Haftbefehl hat die Staatsanwaltschaft Waldshut-Tiengen gegen zwei italienische Schüler im Alter von 15 und 16 Jahren beantragt. Sie stehen im Verdacht, in der Innenstadt von Tiengen am Hochrhein einen Brand gelegt zu haben. Das Feuer zerstörte drei Häuser, in denen 21 Italiener wohnten. Ein 39 Jahre alter Mann und eine 36 Jahre alte Frau mußten mit einem Schock ins Krankenhaus gebracht werden. Der Schaden wird auf mehr als eine Million DM geschätzt. Die beiden Festgenommenen sollen am Ort des Geschehens von mehreren Zeugen gesehen worden sein.

Quelle: »Frankfurter Allgemeine«, 17.06.1993

17.06.1993 - Die »Frankfurter Allgemeine« meldete, daß wegen dreier Brände in einem Haus in Frankfurt (Main) eine 36jährige Araberin aus Jordanien festgenommen wurde. Das Feuer war in der Speisekammer der festgenommenen Frau entstanden.

Quelle: »Frankfurter Allgemeine«, 17.06.1993

17.06.1993 - Drei Schüsse knallen in die Mittagsruhe. Schwer verletzt sackt ein 41jähriger Kurde in der Haustür seiner Wohnung zusammen. Die Überschrift in der »Dülmener Zeitung«: »Rechtsextremes Motiv möglich«. Fast alle, die den Vorfall miterlebt haben, oder später hinzugerufen wurden, ringen mit der Fassung und haben Tränen in den Augen oder weinen.

Nie haben sie geglaubt, daß sich derart schreckliche Vorfälle wie in Mölln, Solingen, Hünxe und Rostock auch in Dülmen ereignen könnten, schluchzten sie.

Jennifer R. auf der Demo gegen Außländerhaß und Rassismus. Noch weiß sie nichts von den wahren Tätern

Der sechsjährige, der den beiden Tätern, die er der rechtsradikalen Skinhead-Szene zurechnet, die Tür geöffnet hat, wird von den Beamten verhört.

Eine Schweigedemonstration gegen Ausländerhaß, der Besuch des türkischen Generalkonsuls, 30.000 DM Belohnung und Vernehmungen »rechter« Aktivisten ließen nicht lange auf sich warten. Ein junges Mädchen, Jennifer R. präsentiert sich stolz mit ihrem Schild »Nazis raus« der Presse. »Das ist eine Schweinerei, daß Leute einfach umgebracht werden. Einige sonnen sich in der Türkei, haben aber etwas dagegen, wenn braungebrannte Leute bei uns sind. Gegen Schweizer zum Beispiel hat ja auch niemand was. Das sind dann keine Ausländer. Ich bin auf den Marktplatz gekommen um mein Mitgefühl auszudrücken.«

Am 14. August 1993 ist der Mordfall aufgeklärt: Die Polizei hat drei Polen, einen Türken und zwei Kurden verhaftet. Einige von ihnen haben die Bluttat bei einem Verhör durch die Polizei zugegeben.

Quellen: »Dülmener Zeitung«, 14., 18. und 19.08.1993

17.06.1993 - Ebenfalls kein Angriff von Skinheads war der Brand in einem Obdachlosenheim in Siegburg. Ein 53jähriger angetrunkener Nichtseßhafter soll das Feuer gelegt haben, bei dem sechs Menschen - darunter zwei Kinder - verbrannten. Die Polizei erließ einen Haftbefehl.

Quelle: »Eichsfelder Tageblatt«, 17.06.1993

17.06.1993 - Hattingen: Auch das Feuer in einem Haus in Hattingen am 5. Juni ist nach Erkenntnis der Staatsanwaltschaft Essen von einem Bewohner entfacht worden. Rechtsradikale Täter schieden aus. Die Brandsätze seien so gelegt gewesen, daß Fluchtwege offen geblieben seien, erläuterte ein Sprecher. Auch habe die Türkin, die bei Entdeckung des Feuers zusammen mit ihren Kindern im Haus war, mehrere widersprüchliche und

Montag, 7. Juni 1993

1000 Berlin … Kochstraße 18

Zum Staatsbürgerschaftsrecht Vera Gaserow Seite 10

Menschenrechtler wurde in Guatemala Präsident Seite 8

die tageszeitung

Nazi-Terror gegen Türken geht weiter

■ Neue Brandanschläge in Hattingen und Konstanz / Von den Tätern fehlt bislang jede Spur / Friedliche und unfriedliche Demonstrationen in Solingen, Frankfurt, Kiel und anderswo

Berlin (taz/AP/dpa) – Einen Tag nach dem Brandanschlag auf eine türkische Familie in Hattingen an der Ruhr fehlte der Polizei bis gestern Abend noch jede Spur. Die Mutter und ihre fünf Kinder im Alter zwischen drei und sechzehn Jahren waren in der Nacht zuvor den Flammen nur knapp entronnen. Sie konnten durch ein Schlafzimmerfenster ins Freie flüchten, die Wohnung wurde vollkommen zerstört. Der Brandstifter zündete nach ersten Ermittlungen unter anderem in zwei Schränken Papier an. Als der drei Jahre alte Sohn der Familie die im Wohnzimmer schlafende Mutter weckte, stand nach ihren Angaben schon das Fußende des Sofas in Flammen.

In der Konstanzer Innenstadt brannte in der Nacht zum Samstag das türkische Restaurant „Eumel" völlig aus. Die Bewohner des Hauses, zumeist deutsche Studenten, blieben unverletzt. Ein Polizeisprecher sprach von Brandstiftung und schätzte den entstandenen Schaden auf rund eine halbe Million Mark. Eine Spur zu den Brandstiftern gebe es noch nicht.

Ein organisierter rechtsextremistischer Hintergrund sei bislang nicht bekannt, sagte Stahl. Keiner der vier Tatverdächtigen ist vorbestraft oder oder war bislang polizeilich aufgefallen.

In der gesamten Republik haben am Wochenende zusammen rund 50.000 Menschen gegen Ausländerhaß und Rassismus demonstriert. Bei der zentralen Kundgebung in Solingen, zu der über 15.000 Menschen kamen, gab es am Samstag heftige Auseinandersetzungen, bei denen nach offiziellen Angaben mindestens 71 Menschen Verletzungen erlitten. Die Polizei nahm in der Nacht zum Sonntag rund 200 türkische Demonstranten in Gewahrsam. Vor der Abschlußkundgebung brach Streit zwischen verfeindeten türkischen Gruppen aus. Die Polizei schob sich mit einem starken Aufgebot zwischen die Streitparteien und drängte eine Gruppe von Demonstranten in eine Nebenstraße ab. Im Verlauf des Tumults kam es auch zu Zusammenstößen zwischen der Polizei und Autonomen. Insgesamt seien 36 Polizisten verletzt worden, erklärte gestern der

Bremen si, München no!

■ Die Bayernhasser konnten jubeln: Der SV Werder Bremen erkämpfte sich am letzten Spieltag die deutsche Fußballmeisterschaft

Seiten 16 und …

Bald ist Mercimek wieder vergessen

■ Dorothea Hahn berichtet aus dem Heimatdorf der Opfer von Solingen

Seite …

Auszug aus »die tageszeitung« vom 7.06.1993. Eine propagandistische Meisterleistung. Wenige Tage später steht fest: Hattingen war kein »Nazi-Terror«

nachweislich falsche Angaben gemacht. In »die tageszeitung« (taz) war direkt nach der Tat folgende Täterbeschreibung, die eindeutig auf Rechtsradikale hinweisen sollte, zu lesen: Die Polizei fahndet inzwischen »nach drei jungen Männern, die zwei Tage zuvor das Haus angeblich fotografiert haben. Einer der drei soll Runenzeichen im Nackenhaar einrasiert haben.«

Quellen: »Neue Westfälische«, 17.06.1993, »die tageszeitung« (taz), 08.06.1994

21.06.1993 - »Der tragische Tod der 29jährigen Angelika Schulz und ihres zweijährigen Sohnes Dario beim Brand im Seitenflügel eines Hauses in der Blücherstraße geht nach den bisherigen Ermittlungen der Kripo nicht auf das Konto von Rechtsextremisten. Das vor Tagen auf den Asphalt geschmierte Hakenkreuz könne mit der Tat nicht in Zusammenhang gebracht werden. Der Verdacht, daß Neonazis den Brand gelegt haben könnten, kam dadurch auf, weil der Brandherd im Keller unmittelbar unter einem kurdischen Lokal lag und der Vater des ums Leben gekommenen Kindes ein Kurde ist.«

Quelle: »Berliner Morgenpost«, 21.06.1993

22.06.1993 - »Bei einem Brandanschlag auf ein Wohn- und Geschäftshaus eines 41 Jahre alten Afghanen und dessen Familie ist in der Nacht zum Montag in Meckelfeld (Landkreis Harburg) Sachschaden in Millionenhöhe entstanden. Die Polizei hat einen 43 Jahre alten afghanischen Landsmann festgenommen, der am Tatort gesehen wurde. Er erlitt Verbrennungen an Händen und Haaren. Einen geplanten Versicherungsbetrug schließ die Polizei nicht aus.«

Quelle: »Hamburger Abendblatt«, 22.06.1993

23.06.1993 - »Als 'absoluten Unsinn' hat Polizeichef Karl Progner gegenüber der 'AZ' Gerüchte zurückgewiesen, wonach 'rechte Skins' versucht hätten, einen Brandanschlag auf ein von Türken bewohntes Haus im Ulrichsviertel zu verüben.

In von mehreren Organisationen verteilten Flugblättern (darunter auch vom Verein Ulrichsviertel) wird als Tatsache behauptet, rechte Skins hätten in der Nacht zum 13. Juni versucht, ein von türkischen und assyrischen Familien bewohntes Haus anzuzünden. Die Sicherung im Hausflur sei bereits entfernt, eine brennbare Flüssigkeit am Boden und an den Wänden vergossen worden. Nur durch einen Zufall sei die Tat entdeckt worden. In einem Flugblatt wird bereits von 'Mordversuch' gesprochen.«

Laut Polizeichef Pfrugner sei es »absolut falsch«, daß eine brennbare Flüssigkeit ausgeschüttet worden sei. In dem Haus sei auch niemand gesehen worden. Es gebe keinerlei Anhaltspunkte, daß ein Brandanschlag vorbereitet, oder versucht worden sei.

Quelle: »Augsburger Allgemeine Zeitung«, 23.06.1993

24.06.1993 - Der Brandanschlag auf die türkische Gaststätte »Taurus« in Rheinhausen hatte nach Überzeugung der Behörden keinen ausländerfeindlichen Hintergrund. Wahrscheinlich handele es sich um einen persönlichen Racheakt, erklärte die Staatsanwaltschaft. Am Dienstag war ein Mann unter dringendem Verdacht des versuchten Mordes und der schweren Brandstiftung festgenommen worden. Mögliches Motiv für die Brandstiftung sei der tödliche Unfall seines Bruders, der sich eine Woche vor der Tat ereignet hatte und in den die erwachsene Tochter der Gaststättenpächterin verwickelt gewesen war. Gegen den 27jährigen sei Haftbefehl erlassen worden.

Quelle: »die tageszeitung« (taz), 24.06.1993

24.06.1993 - Wie am 17. und 18.06.1993 mitgeteilt, soll am 17.06.1993, gegen 12.30 Uhr, in Regensburg, Landshuter Straße, eine 21jährige deutsche Angestellte durch drei ihr unbekannte Skinheads überfallen und mit einer Rasierklinge verletzt worden sein. Trotz intensiver Öffentlichkeitsfahndung, Aussetzung einer Belohnung und umfangreicher Überprüfungen durch die Regensburger Kripo ergaben sich keinerlei Hinweise auf die Täter.

Inzwischen bestehen gewisse Zweifel an der Sachdarstellung der Geschädigten. Nach vorliegenden ärztlichen Gutachten lassen sich die festgestellten Verletzungen nur schwer mit dem von der Geschädigten geschilderten Tatablauf im Einklang bringen.

Quelle - Pressemitteilung der Polizeidirektion Regensburg vom 24.06.1993

25.06.1993 - Ein angeblich versuchter Brandanschlag auf das Asylbewerberheim Sinsheim-Steinsfurt am 25. Juni war nach Ermittlungen der Polizei eine Erfindung. Wie es heißt, habe es an jenem Tag Probleme unter Heimbewohnern gegeben, die Auslöser für den Anruf bei der Polizei gewesen seien. Damals wurde gegenüber den Beamten behauptet, es sei ein Skinhead beim Ausschütten einer mutmaßlich brennbaren Flüssigkeit beobachtet worden.

Quelle: »Badische Zeitung«, 16.06.1993

30.06.1993 - Der Brandanschlag auf die Wohnung einer türkischen Familie in Erbendorf hat der Wohnungseigentümer selbst inszeniert. Zwei Personen wurden durch die Brandstiftung verletzt. Der Grund: Versicherungsbetrug.

Quelle: »HNA«, 23.07.1993

03.07.1993 - In Gieboldehausen brannte bei einem Feuer in einer Asylbewerberunterkunft ein Wohnhaus und eine Scheune nieder, in der drei Familien aus Ex-Jugoslawien untergebracht waren. Zwei mit Feuer spielende Kinder sollen den Brand verursacht haben.

Quelle: Pressemitteilung der Kriminalpolizei Göttingen vom 03.07.1993

08.07.1993 - Millionen weißer, hungriger Maden sind auf die Asylbewerber-Unterkunft in Wandsbek zugekrochen. Als die Maden nur noch wenige Meter von dem Gebäude entfernt waren, riefen die entsetzten Bewohner die Feuerwehr. Polizeibeamte vermuteten einen rechtsextremistischen »Maden-Anschlag« und alarmierten den Staatsschutz. Während die Fliegenmaden noch mit heißem Wasser und Besen bekämpft wurden, fand Dr. Christian Schroter vom Veterinäramt die wahre Ursache des ungewöhnlichen »Kriechtier-Angriffs« heraus: »Die Tiere kamen aus einem Müllcontainer vor der Unterkunft«, berichtete Schroter. »Dort müssen die Asylbewerber in der vergangenen Woche große Mengen Fleischreste hineingeworfen haben.« Der Gestank des faulenden Fleisches habe Fliegen angezogen, die dort ihre Eier ablegten.

Quelle: »Hamburger Abendblatt«, 08.07.1993

30.07.1993 - Daß der Brand des Singener Asylbewerberheims am 10. Juni auf vorsätzliche, womöglich rechtsradikal motivierte Brandstiftung zurückzuführen ist, glaubt die Kriminalpolizei inzwischen nicht mehr. Alle Umstände deuteten darauf hin, so ein Sprecher der Kripo Konstanz, daß altes Gerümpel hinterm Haus durch einen achtlos weggeworfenen Zigarettenstummel in Brand geraten sei.

Quelle: »Singener Zeitung«, 30.07.1993

05.08.1993 - Köln. »Ein zwanzig Jahre alter Türke hat am Mittwoch gestanden, in dem Restaurant seines Vaters in Pulheim bei Köln Feuer gelegt zu haben. Ursprünglich hatte die Polizei vermutet, rechtsextremistische Täter hätten einen Anschlag begangen, weil auf der Hauswand ein Hakenkreuz prangte. Bei dem Feuer, das um 3.35 Uhr am Mittwoch morgen ausgebrochen war, hatte der Bruder des Täters eine leichte Rauchvergiftung erlitten. In dem Lokal entstand ein Sachschaden von rund 500.000 Mark, berichtete die Polizei.«

Quelle: »Frankfurter Allgemeine«, 05.08.1993

12.08.1993 - Der Brandanschlag auf das Achimer Servicehaus am 16. Juni war keine fremdenfeindliche Straftat. Die Kripo fand heraus: »Die Molotow-Cocktails wurden von Ausländern geworfen.« Türken hatten behauptet, die Täter seien Skins gewesen.

Quelle: »Bild«, 12.08.1993

14.08.1993 - Die Kriminalpolizei Würzburg hat wegen des dringenden Verdachts der Brandstiftung in der Gaststätte »Upstairs« am 21. Juli in der Lohrer Lohrtorstraße drei italienische Staatsangehörige festgenommen. Die Ermittlungen der Kripo ergaben, daß das Feuer mit »Insider-Kenntnissen« gelegt und die ausländerfeindlichen Parolen nur als Täuschungsmanöver aufgesprüht wurden.

Quelle: »Lohrer Echo«, 14.08.1993

20.08.1993 - »Vierzehnjähriger Libanese wollte Rambo sein. Das Feuer vor der Asylantenunterkunft in Schechingen war kein Brandanschlag. Politische oder rassische Motive liegen nicht vor.

Nach dem Ermittlungsstand der Kripo in Schwäbisch Gmünd ist davon auszugehen, daß ein 14jähriger Tatverdächtiger das Feuer aus Imponiersucht entfacht hat. Bei seiner Vernehmung staunten die Beamten nicht schlecht über das von ihm vorgebrachte Motiv. Danach hatte er in einem Rambo-Film gesehen, wie der Held die Bewohner aus einem brennenden Haus rettete. Dies wollte er gleichtun. Er stieg, von seinen Geschwistern unbemerkt aus einem Fenster der Asylunterkunft, leerte bereitgestelltes Benzin vor dem Haus auf dem Boden und gegen die Holzwand und entzündete es mit einem Feuerzeug. Danach begab er sich wieder zu seinen Geschwistern. Als ein Bruder gleich darauf den Brand entdeckte, holte er bei einer Nachbarfamilie einen Feuerlöscher und löschte den Brand. Mit dieser 'Rettungstat' wollte er vor allem seinem Vater, der wie seine Mutter zum Brandzeitpunkt außer Hause war, imponieren.«

Quelle: »Gmünder Tagespost«, 20.08.1993

24.08.1993 - In der »Dill-Post« ist zu lesen: »Ein 29jähriger Gastwirt aus Wetzlar hat in der Nacht zum Montag versucht, mit Benzin das Haus einer türkischen Familie am Steighausplatz in Brand zu stecken. Vermutetes Motiv: Der 38jährige Hausbesitzer, der ein Verputzergeschäft betreibt, weigerte sich, 'Schutzgeld' an den 29jährigen zu zahlen. Das Feuer an der hölzernen Eingangstür konnte schnell gelöscht werden.

Zuvor waren einige Hausbewohner wegen einer Stichflamme und heftiger Rauchentwicklung in Panik aus den Fenstern des dreistöckigen Hauses gesprungen oder hatten versucht, sich an Bettlaken und Decken abzuseilen. Dabei stürzte die Ehefrau des 38jährigen ab und verletzte sich«.

Quelle: »Dill Post« 24.08.1993

01.09.1993 - Die »Nürnberger Nachrichten« melden: Der 25jährige Türke, der im August 1993 im westfälischen Lotte (Kreis Steinfurt) überfallen, zusammengeschlagen und mit einem Hakenkreuz auf der Stirn 'gebrandmarkt' worden war, hat die Tat selbst inszeniert. Die Hintergründe seien noch unklar. Wahrscheinlich habe der Ausländer aber mit anderen zusammengearbeitet, zumindest als er seine eigene Wohnung verwüstete und mit Nazisymbolen beschmierte.

Quelle: »Nürnberger Nachrichten«, 02.09.1993

03.09.1993 - Ein afghanischer Lebensmittelhändler in Nabollenbach bei Idar-Oberstein ist nicht Opfer eines Brandanschlags mit rechtsradikalem Hintergrund geworden, sondern hat das Feuer offenbar selbst gelegt.

■ Rechtsaußen

Brandanschlag

Idar-Oberstein (dpa) – Bei einem anscheinend ausländerfeindlich motivierten Brandanschlag in Idar-Oberstein (Rheinland-Pfalz) ist in der Nacht zum Montag ein zweigeschossiges Wohn- und Geschäftshaus zerstört worden. Ein 40jähriger Afghane, der in dem Haus ein Geschäft betreibt, wurde mit einem Schock und Schürfwunden in ein Krankenhaus gebracht. Das Haus war mit schwarzen Hakenkreuzen und „Ausländer raus“ besprüht worden. Das Haus wurde zerstört, es entstand ein Schaden von 350.000 Mark.

»Rechtsaußen« - wieder einmal war die »taz« am 31.08.1993 etwas zu schnell mit der Verurteilung. In manchen Zeitungsredaktionen ist die »Nazi-Hysterie« offensichtlich unübertrefflich.

Wie die Staatsanwaltschaft mitteilte, wurde der 40jährige Afghane wegen des dringenden Tatverdachts der schweren Brandstiftung und des versuchten Mordes festgenommen. Vor den Flammen, die das Lebensmittelgeschäft vollständig vernichteten, hatte sich eine deutsche Nachbarfamilie noch rechtzeitig in Sicherheit bringen können.

Quelle: »Dill-Post«, 03.09.1993

03.09.1993 - »Darmstadt. Der Brand in einer Asylbewerber-Unterkunft in Modautal-Ernsthofen (Kreis Darmstadt-Dieburg) in der Nacht zum 11. Juni war nach dem bisherigen Stand polizeilicher Ermittlungen mit '99,9 prozentiger Sicherheit' kein ausländerfeindlicher Anschlag ... 'Intensive Ermittlungen' hätten ergeben, daß offensichtlich 'ein Insasse des Hauses gezündelt hat', berichtete ein Polizeisprecher. Laut Zeugenaussagen gab es unter einigen der 24 Bewohner in dem seit drei Jahren als Asyl-Heim genutzten Haus 'interne Streitereien'. Stutzig wurden die Beamten im Laufe der Beweissicherung, weil eine als Lunte verwendete Jacke einem der Bewohner gehörte.«

Quelle: »Frankfurter Rundschau«, 03.09.1993

06.09.1993 - Drei Jugendliche (13 bis 16 Jahre) brachen in einem Einfamilienhaus ein. Ihre Beute: CDs und eine Geldkassette. Um eine falsche Fährte zu legen, ritzten sie vor ihrer Flucht noch ein Hakenkreuz in eine Fensterscheibe.

Quelle: »Bild«, 06.09.1993

20.09.1993 - Ein Obdachloser hat gestanden, einen 51jährigen Stadtstreicher in Siegen getötet zu haben. Das teilte die Polizei mit. Das Opfer war in Siegen durch mehrere Messerstiche getötet worden. Der 43jährige Obdachlose hatte sich zunächst als Zeuge bei der Polizei gemeldet und Skinheads als Täter beschuldigt. 25 Jahre hatte der Täter in DDR-Gefängnissen verbracht.

Quellen: »Siegener Zeitung«, 21.09.1993, 31.05.1994, 04.06.1994, 07.06.1994, 08.06.1994

20.10.1993 - Die Staatsanwaltschaft Dortmund teilt mit, daß der am 20.10.1993 gegen 19.10 Uhr in Dortmund, Arminusstraße, begangene versuchte Totschlag zum Nachteil eines 17jährigen iranischen Staatsangehörigen nicht - wie von diesem zunächst angegeben - von rechtsradikalen Skinheads begangen wurde. Der Tat liegt eine politische Motivation nicht zugrunde. Sie wurde nicht durch Skinheads, sondern zu derselben Zeit an einem anderen, als von dem Geschädigten zunächst angegebenen Tatort in Dortmund-Marten durch einen 17jährigen Araber aus Marokko ausgeführt.

Der Tat vorausgegangen war eine von dem Araber vor einigen Monaten angezettelte Schlägerei zum Nachteil eines anderen Iraners und eines Jugoslawen. Am 20.10.1993 sollte in Dortmund-Marten eine Aussprache über die damalige Schlägerei stattfinden. Noch auf dem Wege zum Ort der geplanten Aussprache kam es zwischen dem 17jährigen Araber und dem Geschädigten zu einer Auseinandersetzung, in deren Verlauf der Araber als erster tätlich wurde. Er zog sein mitgeführtes Klappmesser mit einer Klingenlänge von 8,5 cm und klappte dieses mit beiden Händen auf. Der Geschädigte ergriff ein abgesägtes mitgeführtes Stuhlbein. Sodann gingen beide aufeinander los. Bei der Auseinandersetzung erlitt der Geschädigte drei Stiche im linken oberen Rückenbereich, einen Oberarmdurchstich und einen Stich im linken Unterarm. Der 17jährige Araber erlitt Platzwunden und Prellungen im Kopfbereich.

Quelle: Presseerklärung der Staatsanwaltschaft Dortmund, Aktenzeichen 79/9 Js 497/93

24.10.1993 - Die »FAZ« meldet, daß der Brandanschlag auf ein Wohnhaus, bei dem vier Personen ums Leben kamen, aufgeklärt ist. Es war ein 35jähriger Mann, der die Familie der Opfer persönlich gekannt hatte. Es wurde ein fremdenfeindlicher Anschlag angenommen, weil der Familienvater aus Sri Lanka stammte. Wie die Polizei jedoch mitteilte, ist ein solcher Hintergrund aber ausgeschlossen, die Ursache liege vielmehr in der leichtsinnigen Handlungsweise des Täters.

Quelle: »Frankfurter Allgemeine«, 21.10.1993

04.11.1993 - Zwei Kurden hatten einen Molotowcocktail auf die Niederlassung einer türkischen Bank in Frankfurt (Main) geworfen. Laut Staatsanwaltschaft wurde die Aktion von der verbotenen kurdischen PKK gesteuert. Das Landgericht Frankfurt (Main) verurteilte die beiden Täter zu zweieinhalb Jahren Gefängnis.

Quelle: »W.-Kurier«, 23.08.1994

11.11.1993 - Die »Frankfurter Rundschau« meldete, daß auf ein türkisches Lebensmittelgeschäft in Bad Hersfeld ein Brandanschlag verübt worden war. Der Täter sprach kurdisch.

Quelle: »Frankfurter Rundschau«, 11.11.1993

11.12.1993 - In der »Frankfurter Rundschau« ist zu lesen, daß ein 28 Jahre alter Asylant aus Pakistan seit Anfang Dezember dreimal versucht haben soll, ein Asylbewerberheim in Usingen-Kransberg anzuzünden. Der Täter war darüber verärgert, daß ihm der Lohn bei der Bundespost nicht sofort ausgezahlt wurde. Die Kriminalpolizei in Bad Homburg hatte alle drei Fälle bisher geheimgehalten(!).

Quelle: »Frankfurter Rundschau«, 11.12.1993

12.11.1993 - Österreich. Ein ÖVP-Gemeinderat schmierte ein Hakenkreuz auf eine Häuserwand. Der Täter, Peter Brunner, ein ehemaliger Bürgermeister von Halbturn, wurde ermittelt, da er nach der Tat mit dem Auto gegen einen Baum fuhr. Vermutlich war dabei der Farbkübel umgefallen und der Lack über die Autositze geflossen.

Quelle: »Neue Freie Zeitung«, Wien, 22.12.1993

17.12.1993 - Die »Berliner Zeitung« berichtet, daß ein Liberianer aus Neukölln einen »fremdenfeindlichen Überfall« vorgetäuscht hat. Er hatte angezeigt, in einer U-Bahn-Linie angegriffen worden zu sein. Skinheads hätten ihn geschlagen und getreten und schließlich aus dem haltenden Zug geworfen.

Quelle: »Berliner Zeitung«, 17.12.1993

20.12.1993 - Der Brandanschlag auf eine türkisch geführte Gaststätte in Bad Soden - so berichten die »Kinzigtal-Nachrichten« - hatte jetzt für den ehemaligen Gaststätteninhaber ein gerichtliches Nachspiel. Der Täter, ein 20jähriger Türke, der wegen vorsätzlicher Brandstiftung schon zu neun Monaten Gefängnis verurteilt worden war, hatte unter Eid den Gaststätteninhaber der Anstiftung zu dem Verbrechen beschuldigt. Der Täter hatte falsche Spuren mit ausländerfeindlichen Parolen gelegt und dann die Theke, sowie die Küche mit Benzin übergossen und angezündet.

Quelle: »Kinzigtal-Nachrichten«, 20.12.1993

17.01.1994 - »Halle. Polizei und Staatsanwaltschaft haben es zunehmend mit vorgetäuschten Straftaten zu tun, bei denen gezielt mit Hakenkreuzen und Hetzparolen eine falsche Fährte in Richtung auf Neonazis gelegt wird. Oft sollen so die wahren Hintergründe und Motive verschleiert werden.«

Quelle: »Augsburger Allgemeine«, 17.01.1994

19.01.1994 - Der ehemalige niedersächsische Verfassungsschützer Wilhelm Balke (54) muß für neun Jahre hinter Gitter.

Für einen Agentenlohn von monatlich 2.000 Mark hatte er 13 Jahre lang für die Stasi gearbeitet.

Quelle: »Bild«, 19.01.1994

22.01.1994 - Wieder hat ein Jugendlicher, der sich ein Hakenkreuz in den Arm geritzt hatte, einen Skinhead-Überfall vorgetäuscht. Ein 15jähriger Türke aus dem oberfränkischen Selb hatte sich bei der Polizei gemeldet und behauptet, acht bis zehn Täter hätten ihn angegriffen und ihm das NS-Symbol in den linken Oberarm geschnitten. Wie sich aber bald herausstellte, hatte der Junge bei einer »Mutprobe« auf einer Geburtstagsparty sich selbst das Hakenkreuz eingeritzt.

Quelle: »Nürnberger Nachrichten«, 22.01.1994

28.01.1994 - »Erneut hat ein Mädchen Verletzungen durch fremdenfeindliche Täter bei der Polizei angezeigt. Am Mittwoch meldete die Mutter der 14jährigen dem Polizeipräsidium, ihrer Tochter seien von zwei fremden Burschen 20 Schnitte zugefügt worden. 'So machen wir das mit Ausländern', sollen die Täter ihr Vorgehen begründet haben. Doch der Überfall auf dem Heimweg von der Schule war von vorne bis hinten erlogen ... Auf eindringliches Nachfragen der Kripo gab das Mädchen schließlich zu, sich die Verletzungen mit einer Rasierklinge selbst beigebracht zu haben.«

Quelle: »Augsburger Allgemeine«, 08.02.1994

27.02.1994 - Essen. Die beiden Anschläge auf die Alte Synagoge vom 27. und 28. Februar sind nach Polizeiangaben vermutlich von Arabern aus dem Libanon verübt worden. Laut Polizeibericht sind alle fünf Tatverdächtige der örtlichen Rauschgiftszene zuzurechnen. Die jungen Männer hätten bereits Teilgeständnisse abgelegt.

Quelle: »die tageszeitung« (taz), 24.03.1994

18.03.1994 - Hattingen. Ein paar Tage nach Solingen brannte in Hattingen das von einer türkischen Familie bewohnte Haus Unionstr. 20 völlig aus. Die Hausbewohnerin konnte sich mit ihren fünf Kindern retten. Die Staatsanwaltschaft hat jetzt gegen die türkische Hausbewohnerin Anklage erhoben. Ihr wird vorgeworfen, den Brand selbst gelegt zu haben. Die Staatsanwaltschaft schließe Fremdtäter aus.

Quelle: »die tageszeitung« (taz), 18.03.1994

13.04.1994 - Die »Braunschweiger Zeitung« berichtet, daß eine 20jährige aus Berlin einen Überfall vorgetäuscht hat, bei dem ihr angeblich von zwei Männern ein Hakenkreuz auf den Bauch geritzt worden sein soll. »Ich bin in der S-Bahn von Skinheads überfallen worden. Sie haben mir ein Hakenkreuz auf den Bauch geritzt.« Monika N. (20) aus Lichtenberg zog weinend ihre Bluse hoch, zeigte der Polizei das mit einer Rasierklinge eingeritzte NS-Symbol. Wie die Polizei abschließend mitteilte, verstümmelte sich die Frau selbst, um das Fernbleiben von einer Familienfeier zu rechtfertigen.

Quelle: »Braunschweiger Zeitung«, 13.04.1994

22.04.1994 - »Laut polizeilicher Ermittlungen verletzte sich eine 15jährige aus Herford selbst mit einer Glasscherbe an der Wange und ritzte sich ein Hakenkreuz in die Stirn. Das Mädchen behauptete zunächst, von vier Jugendlichen überfallen worden zu sein. Erst als ein Arzt des gerichtsmedizinischen Instituts in Münster ihre Version anzweifelte, gestand sie.«

Quelle: »Neue Westfälische«, 22.04.1994

01.05.1994 - Gegen vier Kurden, die offensichtlich einen Brandanschlag auf eine Asylbewerberunterkunft in Neumünster verüben wollten, sind Haftbefehle wegen versuchter schwerer Brandstiftung und versuchten Mordes erlassen worden. Die vier Männer im Alter zwischen 20 und 37 Jahren hatten vor der Unterkunft, in der auch türkische Familien wohnen, Brandflaschen deponiert.

Quelle: »Deutsche Presse-Agentur«, 01.05.1994

04.05.1994 - Der »Münchener Merkur« berichtet: »Der Brandanschlag auf das Asylbewerberheim in der Kaiserstuhl-Stadt Ketzingen (Baden-Württemberg) vom Freitag vergangener Woche ist aufgeklärt. Anlaß waren offenbar Streitereien zwischen algerischen Asylbewerbern. Zwei Männer wurden wegen vorsätzlicher Brandstiftung festgenommen.«

Quelle: »Münchener Merkur«, 04.05.1994

22.06.1994 - »Er hatte Probleme in der Schule. Um davon abzulenken, täuschte ein Bub (11) aus Hamburg einen Nazi-Überfall vor. Er malte sich Hakenkreuze auf Bauch und Wange. Sein Vater wollte Anzeige erstatten. Dabei verwickelte sich der Bub in Widersprüche.«

Quelle: »tz«, München, 22.06.1994

26.07.1994 - Bei einem Brandanschlag auf das Vereinslokal eines türkischen Fußballclubs im niedersächsischen Peine sind am Sonntagabend drei Türken verletzt worden. Wie die Polizei am Montag mitteilte, wurden sieben Kurden als mutmaßliche Täter festgenommen.

Quelle: »Frankfurter Rundschau«, 26.07.1994

11.08.1994 - Ein 23 Jahre alter Berliner hat sich mit einer Rasierklinge ein Hakenkreuz und SS-Runen in den Arm geritzt, um einen Überfall durch Rechtsradikale vorzutäuschen. Er gab an, von einer Gruppe Skinheads bedroht und verletzt worden zu sein. Der Polizei fielen jedoch Widersprüche in seiner Aussage auf.

Quelle: »Nürnberger Nachrichten«, 11.08.1994

17.08.1994 - Nach dem bisherigen Ermittlungsstand haben Türken am 15.08.1994 gegen 23 Uhr zwei Brandsätze in den Vereinsraum des türkischen Vereins »Ergenekon« (idealistischer türkischer Jugendverein) in Duisburg geworfen.

Quelle: »Westdeutsche Allgemeine Zeitung«, 17.08.1994

26.08.1994 -Die Serie von Brandanschlägen auf türkische Einrichtungen in Südwestdeutschland geht nach Erkenntnissen der Staatsanwaltschaft Stuttgart und des Landeskriminalamtes Baden-Württemberg auf das Konto von kurdischen Tätern.

Quelle: »die tageszeitung« (taz), 26.08.1994

27.08.1994 - Bei einem Überfall auf ein Asylbewerberheim in Weissach im Tal bei Stuttgart haben Kurden drei Landsleute schwer verletzt. Anlaß war nach Polizeiangaben laut übereinstimmenden Zeugenaussagen offenbar ein Spendengeld-Erpressungsversuch der verbotenen Kurden-Organisation PKK.

Quelle: »Weilburger Tageblatt«, 27.08.1994

19.09.1994 - Halle (Saale). Um 21.45 wurde ein Araber aus Marokko (21) von 6-8 Unbekannten, darunter ein Mädchen, brutal auf dem halleschen Obermarkt mißhandelt. Die Täter nahmen das zum Anlaß, den jungen Ausländer als »Kanacke« und »Ausländerschwein« zu beschimpfen. Anschließend bekam er mit einem rohrähnlichen Gegenstand einen Schlag auf den Kopf. Infolge der Schlagwirkung fiel er zu Boden und erhielt hier noch Tritte in den Bereich des Oberkörpers. Der Araber raffte sich auf und flüchtete zu einer Straßenbahnhaltestelle, wo gerade eine Bahn wegfuhr. Die Täter verfolgten den Geschädigten und er erhielt während der Flucht noch einen Schlag auf den Hinterkopf. Eine 28jährige Frau hielt sich im Haltestellenbereich auf und kam dem Asylbewerber zur Hilfe. Die Täter entkamen. Der Araber wurde ambulant behandelt. Er trug eine 3 cm große Platzwunde am Hinterkopf sowie Prellungen und Hämatome im Gesichts- und Brustbereich davon. Ein Täter hatte einen Irokesenhaarschnitt und trug eine helle Jeanshose und keine Oberbekleidung. Am 21.09.1994 gab die Polizei die ersten Ermittlungserfolge bekannt: Die Kripo konnte mehrere Beteiligte ermitteln. Die bisher ermittelten Beteiligten zählen zum Umfeld der linksautonomen Szene.

Quellen: Presseinformation der Polizeidirektion Halle (Saale) vom 20. und 21.09.1994, »AFP«-Meldung vom 20.09.1994

20.09.1994 - Der Überfall und Brandanschlag auf einen türkischen Laden in Lüdinghausen im November 1993 ging auf das Konto des hochverschuldeten türkischen Ladenbesitzers.

Quelle: »W. N.«, 20.09.1994

20.09.1994 - Fünf Menschen sind bei einem von zündelnden Kindern verursachten Brand in einem Asylbewerberheim im westfälischen Hamm verletzt worden. Die in dem Heim lebenden Kinder hätten beim Spielen versehentlich ein kleines Feuer gelegt und den Abstellraum in Brand gesetzt, berichtete die Polizei.

Quelle: »Dill-Post«, 20.09.1994

30.09.1994 - Ein Brandanschlag auf ein türkisches Zentrum in Velbert ist nur durch viel Glück nicht in einer Katastrophe geendet. Am Mittwoch gegen 21.00 Uhr drangen während der Fernseh-Fußballübertragung drei Attentäter in die Räume des türkischen Zentrums ein und warfen drei Molotowcocktails. Die ca. 30 Anwesenden löschten das Feuer mit einem Gebetsteppich. Ein Täter (21) konnte 200 m vom Tatort entfernt gestellt und der Polizei übergeben werden. Der Kurde stammt aus Solingen und soll, so der Staatsanwalt, Kontakte zur verbotenen PKK haben.

Quelle: »Westdeutsche Allgemeine Zeitung«, 30.09.1994

15.10.1994 - Der Überfall von Skinheads auf eine Potsdamerin in einer Straßenbahn am Montag ist von der 34jährigen erfunden worden. Das ergaben die Ermittlungen der Staatsanwaltschaft. Die Frau habe sich die Hüfte gebrochen, als sie auf unwegsamem Gelände eine Abkürzung suchte und stürzte, berichtete die Behörde. Gegen diese Frau ist ein Ermittlungsverfahren wegen Vortäuschung einer Straftat eingeleitet worden. Als Motiv für ihre Falschaussage gab die Potsdamerin an, nicht krankenversichert zu sein. Ihre Schilderungen hatten zur Aussetzung von über 10.000 Mark Belohnung zum Erfassen der »Täter« und zu großer Anteilnahme in der Bevölkerung geführt. Seither wurden zusätzliche Polizeistreifen in den S-Bahnen eingesetzt.

Quellen: »Westdeutsche Allgemeine Zeitung« und »Dill-Post«, 15.10.1994

20.10.1994 - Erneut ist ein Skinhead-Überfall von einem vermeintlichen Opfer vorgetäuscht worden. Ein 19jähriger Berliner hatte zunächst bei einer Fahrscheinkontrolle in der S-Bahn vorgegeben, er sei von zwei Skinheads ausgeraubt worden. Bei einer Vernehmung gab er zu, gelogen zu haben - er hatte keinen gültigen Fahrschein.

Quelle: »Süddeutsche Zeitung«, 20.10.1994

22.10.1994 - Die Oberstaatsanwaltschaft Augsburg teilte uns mit: »Ein nigerianischer Asylbewerber zog sich höchstwahrscheinlich beim Abfackel eines schrottreifen PKW's durch andere Asylbewerber Verbrennungen im Gesicht und an der rechten Hand zu. Er wurde deshalb stationär behandelt. Als die Polizeibeamten ihn zum Ursprung seiner Verbrennungen als Zeuge vernahmen, gab er wahrheitswidrig an, er sei im Stadtgebiet von Augsburg von zwei unbekannten Männern angehalten, dann mit einer brennbaren Flüssigkeit übergossen und gleichzeitig in Brand gesteckt worden. Die Unbekannten hätten ihm zugerufen: 'Raus mit dir' und seien anschließend verschwunden. Gegen ihn wurde Anklage wegen Vortäuschens einer Straftat erhoben. Deshalb wurde er zu einer Freiheitsstrafe mit Bewährung rechtskräftig verurteilt.«

Quelle: Schreiben der Leitenden Oberstaatsanwältin beim Landgericht Augsburg an VAWS, Aktenzeichen 180 AR 268/94, vom 22.10.1994

27.10.1994 - Der Brandanschlag auf das Gebäude des türkisch-islamischen Kulturvereins in Redwitz (Kreis Kronach) am 17. Oktober, bei dem der im ersten Stock gelegene Moschee-Raum ausbrannte, ist aufgeklärt. Wie die Polizei in Coburg mitteilte, wurden zwei türkische Staatsangehörige aus Kronach und dem Kreis Kronach unter dem dringenden Tatverdacht der Brandstiftung festgenommen. Einer der beiden, ein 25jähriger Mann, hat ein Geständnis abgelegt.

Quelle: »Mittelbayerische Zeitung«, 27.10.1994

05.12.1994 - In der Nacht zum Montag wurde ein Brandanschlag auf das Jugendzentrum eines türkischen Sportvereins in Bremen verübt. Der Sportverein war schon eine Woche vorher Ziel eines mißglückten Brandanschlags gewesen. Ein benachbarter türkischer Kulturverein war dagegen völlig ausgebrannt. Dabei waren drei Menschen durch Rauchvergiftungen leicht verletzt worden.

Im Zusammenhang mit den Taten in Bremen hatte die Staatsanwaltschaft Haftbefehle gegen zwei Kurden im Alter von 20 und 24 Jahren erlassen. Als Hintergrund der Brandanschläge in Bremen und weiteren deutschen Städten vor einer Woche vermuten Ermittler das vor einem Jahr erlassene bundesweite Verbot der kurdischen Arbeiterpartei PKK.

Quelle: »Deutsche Presse-Agentur«, 05.12.1994

21.12.1994 - »Eine 16jährige Schülerin aus Berlin-Kreuzberg hat zugegeben, einen fremdenfeindlichen Überfall vorgetäuscht zu haben. Sie wollte vermutlich mehr Aufmerksamkeit erhalten, teilte die Polizei mit. Die Schülerin sei am Freitag auf einer Polizeiwache erschienen und habe behauptet, von acht Skinheads überfallen und mißhandelt worden zu sein. Sie habe nach Ermittlungen zugegeben, sie hätte die Tat nur vorgetäuscht. Sie hatte sich mit einer Rasierklinge Schnittwunden zugefügt und Prellungen im Gesicht aufgeschminkt.«

Quelle: »die tageszeitung« (taz), 21.12.1994

04.01.1995 - »Drei Jugendliche aus Neubrandenburg haben bei der Polizei die fälschliche Schändung einer sowjetischen Gedenkstätte gestanden. Die beiden Jungen im Alter von 13 Jahren und ein 14jähriges Mädchen stellten sich und gaben an, sie hätten eigentlich gegen dort ihrer Meinung nach begrabene Nazis demonstrieren wollen.«

Quelle: »die tageszeitung« (taz), 04.01.1995

05.01.1995 - »Der brutale Überfall auf eine Asylbewerberfamilie am 14. September in Deggendorf ist nach Angaben der Polizeidirektion Straubing geklärt. Bei der Tat hatten fünf Vietnamesen Kinder und Erwachsene einer Asylbewerberfamilie aus Vietnam drangsaliert und beraubt.«

Quelle: »Mittelbayerische Zeitung«, 05.01.1995

Umerziehung Teil 1

Anweisungen
1945 für die Re-education

What to do with Germany. 1945. Distributed by Special Service Division, Army Service Forces, U. S. Army. Not for Sale.

»Die Re-education wird für alt und jung gleichermaßen erzwungen und sie darf sich nicht auf das Klassenzimmer beschränken. Die gewaltige überzeugende Kraft dramatischer Darstellung muß voll in ihren Dienst gestellt werden. Filme können hier ihre vollste Reife erreichen. Die größten Schriftsteller, Produzenten und Stars werden unter Anleitung der 'Internationalen Universität' die bodenlose Bosheit des Nazismus dramatisieren und dem gegenüber die Schönheit und Einfalt eines Deutschlands loben, das sich nicht länger mit Schießen und Marschieren befaßt. Sie werden damit beauftragt, ein anziehendes Bild der Demokratie darzustellen, und der Rundfunk wird sowohl durch Unterhaltung wie auch durch ungetarnte Vorträge in die Häuser selbst eindringen. Die Autoren, Dramatiker, Herausgeber und Verleger müssen sich der laufenden Prüfung durch die 'Internationale Universität' unterwerfen; denn sie sind alle Erzieher. Von Beginn an sollen alle nichtdemokratischen Veröffentlichungen unterbunden werden. Erst nachdem das deutsche Denken Gelegenheit hatte, in den neuen Idealen gestärkt zu werden, können auch gegenteilige Ansichten zugelassen werden, im Vertrauen darauf, daß der Virus keinen Boden mehr findet; dadurch wird größere Immunität für die Zukunft erreicht. Der Umerziehungs-Prozeß muß ganz Deutschland durchdringen und bedecken. Auch die Arbeiter sollen im Verlauf von Freizeiten vereinfachte Lehrstunden in Demokratie erhalten. Sommeraufenthalte und Volksbildungsmöglichkeiten müssen dabei Hilfestellung leisten.

Viele deutsche Gefangene werden nach Kriegsende in Rußland bleiben, nicht freiwillig, sondern weil die Russen sie als Arbeiter brauchen. Das ist nicht nur vollkommen legal, sondern beugt auch der Gefahr vor, daß die zurückkehrenden Kriegsgefangenen zum Kern einer neuen nationalen Bewegung werden. Wenn wir selbst die deutschen Gefangenen nach dem Krieg nicht behalten wollen, sollten wir sie nichtsdestoweniger nach Rußland senden.

Die 'Internationale Universität' ist am besten dazu geeignet, die Einzelheiten des deutschen Erziehungswesens, der Lehrpläne, der Schulen, der Auswahl der Lehrer und der Lehrbücher, kurz: alle pädagogischen Angelegenheiten zu regeln. Wir brauchen ein 'High Command' für die offensive Re-education. Besonders begabte deutsche Schüler erhalten Gelegenheit zur Fortbildung an unseren Schulen; sie werden als Lehrer nach Deutschland zurückkehren und eine neue kulturelle Tradition, verbunden mit internationalem Bürgersinn, begründen.

Die Professoren sollen nach Möglichkeit deutsche Liberale und Demokraten sein. Das Eindringen von 'Fremden' könnte aufreizend wirken und muß auf ein Minimum beschränkt werden; aber das darf nicht dazu führen, daß uns die Kontrolle verlorengeht.

Jedes nur denkbare Mittel geistiger Beeinflussung im Sinn demokratischer Kultur muß in den Dienst der Re-education gestellt werden. Die Aufgaben der Kirchen, der Kinos, der Theater, des Rundfunks, der Presse und der Gewerkschaften sind dabei vorgezeichnet.

Die Re-education tritt an die Stelle des Wehrdienstes, und jeder Deutsche wird ihr zwangsläufig unterworfen, so wie früher der gesetzlichen Wehrpflicht.

Uns ist die Aufgabe zugefallen, Frieden und Freiheit zu retten; jene Freiheit, die am Berg Sinai geboren, in Bethlehem in die Wiege gelegt, deren kränkliche Kindheit in Rom, deren frühe Jugend in England verbracht wurde, deren eiserner Schulmeister Frankreich war, die ihr junges Mannesalter in den Vereinigten Staaten erlebte und die, wenn wir unser Teil dazu tun, bestimmt ist zu leben - all over the world!«

Das Re-educations-Programm wurde in begeisterter Zustimmung unterschrieben von Truman, Wallace, Nelson, Wichell,

Rickenbacker, Sigrid Undset, Rey Stout, Clifton Fadimann, den Senatoren Burton, Pepper, Capper, Joh. Scheel, Lowell Thomas, Gabriel Heatter, James W. Gerard, Lord Vansittart, Maurice Maeterlinck, Sommerset Maugham, Louis Bromfield, Dean Alfange, Famicie Hurst, Cecil Roberts, Henry Bernstein, Dr. Alvin Johnson, Dr. William Neilson, Gen. Marcel de Baer, Daniel A. Poling, Wallace Deuel, Paul Jordan-Smith, Burnet Hershey, Hugh Cowdin, Edgar Ansel Mowrer, Edwin H. Blanchard, J. H. Jackson, Dr. Melchior Polyi, H. R. Burke und vielen anderen Vertretern des »amerikanischen« Geistes.

Umerziehung Teil 2

Zum Umgang mit dem Problem des Rechtsextremismus im Programm

Vom Rundfunkrat des Westdeutschen Rundfunks am 16. Dezember 1993 bei 3 Enthaltungen einstimmig beschlossen.

Beschluß

Der Rundfunkrat des Westdeutschen Rundfunks hat sich mit dem Problem des Rechtsextremismus intensiv befaßt. Er würdigt die bisherige Arbeit des WDR in der programmlichen Aufarbeitung des Problems. Er bittet den Intendanten, die einzelnen Redaktionen anzuregen, die sorgfältige Berichterstattung weiterzuführen. Die Journalisten/innen des öffentlich-rechtlichen Rundfunks sollen ermutigt werden, sich des Problems des Rechtsextremismus differenziert anzunehmen, damit unsere demokratische Verfaßtheit gestärkt wird ...

2. Bisherige programmliche Aktivitäten

Dem Rundfunkrat ist bekannt, daß eine Arbeitsgruppe von Redakteuren und Redakteurinnen des WDR sich intensiv mit der Frage der programmlichen Widerspiegelung und des programmlichen Umgangs mit den Erscheinungen des Rechtsextremismus und der Fremdenfeindlichkeit auseinandergesetzt hat. Auf die in einer Gesamtdarstellung wiedergegebenen wichtigsten Ergebnisse dieser Arbeitsgruppe wird verwiesen.

Dabei bedarf es in Einzelfällen jedoch einer Diskussion, inwieweit diese Programmstrategien tatsächlich das gewünschte Ergebnis erzielen. Beispielsweise gibt es plausible Hinweise, daß Verständnis für Angst und Unsicherheit, aus der extreme Äußerungen entstanden sind, für sich allein auch fatale Auswirkungen haben kann: Es muß darauf geachtet werden, daß ein solches

Verständnis nicht zu einer Legitimation extremistischer Äußerungen bzw. Gewalttaten als erfolgsorientierter Strategie wird, in der das Werfen von Brandflaschen gewissermaßen zur normalen Verhaltensäußerung von Menschen wird, die dadurch andere Instanzen der Gesellschaft auf ihre Lage aufmerksam machen wollen.

Ebenso muß geprüft werden, inwieweit unreflektierter Sprachgebrauch trotz demokratischer Motivation rechtsextremistischer Demokratiefeindlichkeit Vorschub leistet: wer z. B. vorhandene und nicht bestreitbare Mißstände im politischen System mit dem Begriff »Parteiendiktatur« deutet, hat den grundsätzlichen Unterschied zu den Organisationsprinzipien, nach denen Rechtsradikale den Staat organisiert sehen wollen, bereits verbal eingeebnet.

Fernsehen

Hinsichtlich der größeren Sendeprojekte des Fernsehens sind neben der laufenden aktuellen Berichterstattung im Bereich »Tagesschau«, »Tagesthemen«, »Punkt 5« und »Mittagsmagazin« exemplarisch zu nennen:

- »Totschweigen oder anprangern. Über den Umgang der Medien mit Rechtsradikalen« (Diskussionssendung), 26.1.1993, WEST 3,
- Schwerpunktwoche gegen Haß und Gewalt vom 6.-12.2.1992.

Das WDR-Fernsehspiel hat zu der Problematik zwei signifikante Einzelspiele produziert und gezeigt. In »Brandheiß - Stücke zur Zeit« mit dem Titel »Stahlhart«, 12.5.1993, WEST 3 wurden mit den Mitteln der filmischen Fiktion die Ereignisse von Solingen wie in einer Vision vorweggenommen. Zweiter wichtiger Beitrag war der Film »Neues Deutschland«, am 3.7.1993 in WEST 3.

Weiterhin ist auf die WEST-3-Aktion »Flagge zeigen gegen Gewalt« hinzuweisen, die im November 1992 auch im Rahmen der »Aktuellen Stunde« durchgeführt wurde.

Im Tagesprogramm sind vor allem die Sendungen »Kahlschlag« und Spots in der »A-Z Liveshow« sowie die Sendereihe »Sixteen« zu nennen, in der immer wieder Begegnungen zwischen jungen Deutschen und Ausländer/innen erfolgen. Ausländer/innen sind hierbei auch dann Gäste, wenn es nicht um Ausländerfragen geht. Dies gilt in ähnlicher Weise auch für »Die Sendung mit der Maus«, die mit ihren Ansagen in vielen Sprachen ein auch schon mit dem CIVIS-Preis gewürdigtes Konzept vor Jahren entwickelt hat.

Im Bereich des Schulfernsehens ist das Thema Rechtsextremismus mit folgenden Produktionen thematisiert worden:

- Angst macht Gewalt (dreiteilige Serie),
- verschiedene Beiträge in der Reihe »Zwischen den Schlagzeilen«. Hier sind vor allem die Beiträge »HipHop gegen Rassismus«, »Arsch huh - Zäng ussenander« (der Mitschnitt des Konzerts in Köln) sowie der Beitrag »Einig gegen Fremde - Politik und Medien machen Stimmung« zu nennen.

Hörfunk

1993 wurden auf WDR 1 ca. 40 Spots gesendet, die sich mit den wirtschaftlichen, politischen, psychologischen und sozialen Fragen zum Ausländerthema auseinandersetzten.

Intensiv und kontinuierlich wird das Phänomen Rechtsextremismus in der Programmgruppe »Kultur und Wissenschaft« analysiert, besonders in den Sendereihen »Gedanken zur Zeit«, »Dokumente und Debatten«, »Zeitfragen - Streitfragen« und »Kritisches Tagebuch«. Besonders erwähnenswert sind zwei Samstagabende:

- »... und sieht nicht den Balken im eigenen Auge. Jugendgewalt und kollektive Verdrängung« von Helga Kirchner und Ute Naumann, 13.3.1993, WDR 3,
- »Die Bundesrepublik Deutschland ist kein Einwanderungsland - eine Lüge auf zwölf Millionen kurzen Beinen« von Achim Nuhr, 19.6.1993, WDR 3.

Für die angemessene tagesaktuelle journalistische Reaktion auf Ereignisse, die mit dem Themenbereich Rechtsextremismus zu tun haben, bearbeiten einige Mitarbeiter/innen des Programmbereichs Politik den Themenbereich mit großer Kontinuität.

Wichtig ist auch die Fortführung der geschichtlichen Aufarbeitung:

- »Die Stimme seines Herrn: William Joyce - Sprachrohr der nationalsozialistischen Radiopropaganda« von Wolfgang Stenke, 28.3.1993, WDR 3,
- »Täter, Opfer, Zuschauer«. Ein Gespräch mit Raul Hilberg, dem Chronisten der jüdischen Katastrophe, 31.3.1993, WDR 3.

Im Hörspiel, also auf einer ganz anderen Vermittlungsebene, läuft seit einiger Zeit die Reihe »Shalom«. Hier wird jüdisches Leben in Erinnerung gebracht und das Jiddische hörbar gemacht. Ein Beispiel dafür ist:

- »Der Dybbuk«. Eine dramatische Legende von An-Ski, 6.10.1987, WDR 3.

1992 hat die Programmgruppe Hörspiel den Schreibwettbewerb »Heimat oder Fremde« veranstaltet, der mit dem CIVIS-Preis 1992 ausgezeichnet wurde. 1993 gibt es einen weiteren Wettbewerb unter dem Titel »Gemeinsam zu Haus«, den die Programmgruppe Hörspiel und die italienische Redaktion gemeinsam verantworten.

3. Anregungen zum Umgang mit dem Problem des Rechtsextremismus im Programm

Der Rundfunkrat begrüßt die bisherige WDR-Berichterstattung im Hörfunk und im Fernsehen. Für Diskussionen, wie im Programm mit dem Problem des Rechtsextremismus umgegangen werden soll, haben sich die folgenden Anregungen als wichtig erwiesen, die auch künftig Berücksichtigung finden sollten:

- Es ist davon auszugehen, daß die Berichterstattung zu Nachahmungstaten führen kann, Sympathisanten mobilisiert, rechtsextremistisches Gedankengut popularisiert. Dennoch darf das Problem nicht totgeschwiegen werden. Es erfordert eine besonders sensible und sorgfältige Gestaltung der Berichterstattung.
- Beiträge, die sich mit Rechtsradikalen auseinandersetzen, sollen nicht nur in Spezialsendungen, sondern über den ganzen Tag verteilt ins Gesamtprogramm einbezogen werden, vor allem in Hauptnachrichten- und Magazinsendungen, um ein möglichst breites Publikum zu erreichen.
- Über Rechtsradikale soll nicht nur dann berichtet werden, wenn es sich um eine Ausnahmesituation oder Katastrophe handelt. Über ihr alltägliches Leben, ihre politischen Vorstellungen und das gesellschaftliche Umfeld soll informiert werden.
- Der Alltag von Ausländer/innen soll als selbstverständlicher Teil im Programm vorkommen. Ausländer/innen sollen in Fersehserien, Fernseh- und Spielfilmen und der Werbung als normaler Programmbestandteil einbezogen werden, um Vorurteile abzubauen; auch ausländische Kommentatoren/innen und Moderatoren/innen sollten in Erscheinung treten.
- Mit Begriffen, Statistiken und (Schau-)Bildern soll der Zuzug von Einwanderern und Flüchtlingen nicht dramatisiert werden, weil dies zu Panikstimmung in der Gesellschaft führt. Negativ besetzte Stereotype wie zum Beispiel »Asylant«, »Flut«, »Strom«, »Chaos« sollen vermieden werden; denn diese bestärken die Täter in ihrem Wahn, sich als Vollzieher des eigentlichen Wollens der Bevölkerung zu verstehen.
- Es soll darauf hingewiesen werden, daß die gesellschaftlichen und wirtschaftlichen Probleme sehr komplex sind und auch dann nicht gelöst wären, wenn es keine Ausländer/innen in Deutschland mehr gäbe; es soll aufgezeigt werden, daß es keine monokausalen Ursachen und damit auch keine monokausalen Lösungen gibt, um die komplexen gesellschaftli-

chen Probleme zu bewältigen; deshalb ist es wichtig, die psychologischen Hintergründe rechtsradikalen Gedankenguts zu erklären.

- Die Medien können die Probleme nicht lösen, aber mögliche Wege aufzeigen. Deshalb sollen sie die Politiker/innen, Vertreter/innen gesellschaftlicher Gruppen, Wissenschaftler/innen und Lehrer/innen immer wieder auffordern, die Ursachen rechtsradikalen Gedankenguts zu erforschen, zu entlarven und alternative Gegenstrategien zu entwerfen; dabei sollen auch politische und wirtschaftliche Verflechtungen auf europäischer und internationaler Ebene aufgedeckt werden.
- Immer wieder ist zu hinterfragen, inwieweit das Medium mit dazu beiträgt, Handlungsbereitschaft zur Gewalt zu erzeugen bzw. diese Gewalt zu akzeptieren.
- Im Umgang mit dem Problem des Rechtsextremismus im Programm kommt es auch darauf an, daß die Programmgestalter sich in besonderer Weise mit unbewußten Vorurteilen, Sprach- und Sprechgewohnheiten auseinandersetzen.
- Es ist darauf zu achten, sich von den Rechtsradikalen nicht mißbrauchen zu lassen, um ihnen ein breites Forum zu bieten, und die Aussagen der Politiker/innen nicht unkritisch zu transportieren.
- Es muß strikt vermieden werden, daß die Medien rechtsradikale Gewalttaten inszenieren oder stärken.
- Die festangestellten und freien Journalist/innen sind regelmäßig darin zu schulen und weiterzubilden, um mit der oft geforderten schnellen Berichterstattung über Gewaltausschreitungen professionell und sensibel umgehen zu können. Vor allem Live-Berichte über Gewalttaten erfordern eine hohe journalistische Qualifikation und einen ruhigen distanzierten Umgang mit den Ereignissen.

Journalistinnen und Journalisten sind nicht nur beschreibende und darstellende Chronisten der politischen und gesellschaftlichen Realität, sie sind auch Akteure und können gar zu Tätern werden. Sie haben auf die Verantwortlichkeit der Politik zu verweisen, aber auch Eigenverantwortlichkeit wahrzunehmen.

Quelle:»Diskussion Deutsch«, Zeitschrift für Deutschlehrerinnen und Deutschlehrer in Ausbildung und Praxis, Heft 137, Juni 1994.

Die Hysterie nimmt kein Ende

»Daily Star«, London:

»Zeit, daß jemand den Deutschen beibringt, daß wir sie satt haben.«

Quelle: »Bild«, 28.08.1992

»Kurier«, Wien:

»Ein bißchen Nazigewalt gibt es nicht. Auch keinen kleinen Hitler, sondern immer nur das volle Programm.«

Quelle: »Bild«, 28.08.1992

Unternehmen sollen Extremisten entlassen

Der Präsident des Bundesverbandes der deutschen Industrie fordert Unternehmer auf, gegen Extremisten in den Betrieben vorzugehen und gegebenenfalls auch zu entlassen. Er rät dazu, »Extremisten zu behandeln wie Mitarbeiter, die Frauen sexuell belästigen«.

Quelle: »Deutsche Presse-Agentur«, 02.09.1992

»Nie wieder werden wir unseren Todfeinden wehrlos gegenüberstehen - niemals«

Mit diesen Worten warnt Ralph Giordano Regierung, Parlamente, Verfassungsschutz und Polizei davor, daß Juden in Deutschland ihre Verteidigung bis zur Bewaffnung in die eigenen Hände nehmen.

Quellen: »Frankfurter Rundschau«, 11.11.1992 und »Deutsche Presse-Agentur«, 10.11.1992

Neonazis ächten

Innenminister Seiters will »Neonazi-Führer« ächten lassen. Er prüft, ob ihnen nach Artikel 18 des Grundgesetzes einzelne Grundrechte entzogen werden können, wie z. B. das Recht sich öffentlich zu äußern.

Quelle: »ddp«, 28.11.1992

Lebenslang für das Singen von Neonazi-Liedern

Die »Hamburger Morgenpost« meldet am 02.12.1992: »Bundesjustizministerin Sabine Leutheusser-Schnarrenberger will das Schreiben und Singen von Neonazi-Liedern mit hohen Strafen, im Extremfall sogar mit lebenslanger Haft ahnden lassen.«

Quelle: »Hamburger Morgenpost«, 02.12.1992

... mehr Nazi-Verbote

Der Zentralrat der Juden hat nach dem Verbot der Wiking-Jugend weitere Verbote gefordert.

Quelle: »Westdeutsche Allgemeine Zeitung«, 12.11.1994

Glatzen

»Anscheinend meinen viele, daß ein junger Mann mit Glatze einem rechtsradikalen Skinhead gleichzusetzen ist. Durch Chemotherapie gegen meine Krebserkrankung verlor ich den Großteil meines Haupthaares. Daraufhin erhielt ich einen anonymen Brief mit der Schlagzeile 'Skinheads, Terror der Glatzen'. Handschriftlich war noch 'Du Spinner' hinzugefügt.«

Quelle: Leserbrief in der »Westdeutschen Allgemeinen Zeitung«, 19.11.1994

»Als kriminelle Vereinigung einstufen«

Der Vorsitzende des Zentralrates der Juden in Deutschland, Ignatz Bubis, fordert, daß rechtsextreme Gruppierungen als »kriminelle Vereinigung« behandelt werden.

Quelle: »Westdeutsche Allgemeine Zeitung«, 22.11.1994

In letzter Sekunde:

Während der Abschlußarbeiten an diesem Buch, genau am 31.01.1995 um 10.00 Uhr erhielten wir in unserem Verlagsbüro Besuch. Nein, keine Frühstücksgäste sondern aus unserer Sicht recht unerwünschte Besucher. Sie brachten auch keine Brötchen sondern einen Durchsuchungsbefehl des Amtsgerichts Mainz mit. Ich rieb mir die Augen, holte tief Luft und warf einen Blick auf dieses häßlich graue Papierchen, ohne Stempel und mit unleserlicher Unterschrift - selbst diese war fotokopiert. Und nun ein Blick auf das, was beschlagnahmt werden sollte:

»Na<u>z</u>ionalsozialistisches Schriftgut, etc.«

Na ja, dieses »z« bei »Nazionalsozialistisches« hat mich wirklich verwundert. Ich mag mir kein Urteil darüber erlauben, inwieweit der unterzeichnende Richter der deutschen Rechtschreibung mächtig ist. Vielleicht hat er es auch gar nicht zu Gesicht bekommen. Die Unterschrift ist ja nur fotokopiert. Aber so etwas wird es in »unserer« Bundesrepublik Deutschland bestimmt nicht geben.

Ok, so weit so gut, ich wurde der Volksverhetzung, Beleidigung und Verunglimpfung Verstorbener beschuldigt. Mein Opa, der ist schon lange gestorben. Ich habe ihn nicht kennengelernt. Ach ja, verunglimpft habe ich ihn auch nicht. Wie sollte ich - hab' ihn ja nie kennengelernt. Und Volksverhetzung? Lieber Leser, ich weiß bis jetzt noch nicht, wen ich beleidigt, verunglimpft oder womit ich welches Volk verhetzt habe. Die Herren und zwei Damen, welche unser Büro in Unordnung gebracht haben, waren nicht gerade freundlich und hatten wohl auch nicht die Absicht, mir ordentlich Auskunft zu erteilen.

Nachdem Sie zwei Stunden und dreißig Minuten meiner Zeit beansprucht hatten verabschiedeten sich unsere Gäste mit einem höflichen »Auf Wiedersehen«. Sie liebe Leser werden es mir sicherlich nicht verübeln, daß meine Höflichkeit Grenzen hatte. Meinerseits blieb es bei einem kurzen »tschüß«.

Eines möchte ich Ihnen nicht vorenthalten: Was diese Damen und Herren der Polizei angaben zu suchen, nämlich bestimmte Ausgaben einer politischen Zeitung, haben sie gefunden. Die Beschlagnahme derselben haben sie vielleicht vergessen, denn sie liegen hier immer noch zu hunderten herum. Mir schien es so, als interessieren sich diese Herren und Damen mehr für Technik (Computer) und Adressen. Aber so etwas würde ich den Beamten im Dienst nie unterstellen.

Nicht entgangen ist mir ein kleiner Aufkleber des »SWF« auf der Tasche eines Polizeibeamten. Dieser veranlaßte mich ausnahmsweise das Radio einzuschalten. Natürlich »SWF«. Sie werden es nicht glauben, aber zum erstenmal hörte ich von meinem Verlag im Radio. Damit keine Mißverständnisse entstehen: Meine Gäste vom Vormittag haben diese Informationen bestimmt nicht weitergegeben.

Trotz vieler Hindernisse konnte auch dieses Buch nicht verhindert werden.

Das war's!

Post

Burozeiten

Sa.: nach

Verlag u. Agentur
Werner Symanek
Postfach 18 26

55388 Bingen

Datum 02.02.1995
G/to.

Sehr geehrter Herr Symanek!

In Ihrer Angelegenheit habe ich das Manuskript "Unter falscher Flagge" eingehend auf juristische Fehler oder Fallstricke überprüft. Es handelt sich dabei ausschließlich um die Wiedergabe veröffentlichter Dokumente, die jedem zugänglich waren, und die Wiedergabe von Nachrichten. Die Informationsfreiheit besteht nach dem Grundgesetz uneingeschränkt. Die Sammlung der Straf-

Register

Wilfred von Oven

Ein »Nazi« in Argentinien

Wilfred von Oven der ehemalige Pressechef Goebbel's, lebt seit 1951 am Rio de la Plata. In diesem spannenden Buch schildert uns er seinen Werdegang im Dritten Reich sowie Hintergründe und Ursachen seines inzwischen vier Jahrzehnte andauernden Exils. Nicht zuletzt von Ovens Enthüllungen über seine Nachkriegstätigkeit als Auslandskorrespondent für den »Spiegel«, werden Rudolf Augstein und dem Leser schlaflose Nächte bereiten.

224 Seiten, DM 28,00

Für unsere fast erwachsenen Kinder

Günther Just

Das Geheimnis der alten Jagdhütte

Das hätte sich der dicke Falschmünzer Emil nicht träumen lassen, daß ihm ausgerechnet der kleine Manfred mit einem Lausbubentrick auf die Spur kommen würde. Natürlich schaffte das »Many, der Gangsterschreck«, wie ihn seine Freunde nannten, nicht allein; da waren noch Christopher und Andreas, die zusammen mit ihm den »Klub der Detektive« gegründet hatten. Ein bißchen half auch das »Burgfräulein« Gilla auf der romantischen Burg Weißenstein mit, wo ziemlich aufregende Dinge passierten. Und wenn man es richtig bedenkt, spielte ja auch »Ajax«, der Burgwolf, eine wichtige Rolle dabei ...

Dieses spannende Jugendbuch (Lesealter ab 8 Jahre) ist ein »Kinderkrimi« ohne brutale »Zutaten«

200 Seiten, DM 19,80